O Mundo Real das Fadas

Dora Kunz

DORA VAN GELDER

O Mundo Real das Fadas

Tradução
ISA SILVEIRA LEAL

EDITORA PENSAMENTO
São Paulo

Título do original em inglês:
The Real World of Fairies

Edição original de The Theosophical Publishing House, Adyar, Madras, Índia.

Edição	Ano
4-5-6-7-8-9-10-11-12-13	92-93-94-95-96-97

EDITORA PENSAMENTO LTDA.
Rua Dr. Mário Vicente, 374 - 04270 - São Paulo, SP - Fone: 272-1399

Impresso em nossas oficinas gráficas.

SUMÁRIO

PREFÁCIO

Se me perguntarem: "Você acredita em fadas?" – eu só posso responder que acredito em Dora van Gelder, o que equivale a uma afirmativa, baseada no princípio de que as coisas iguais às mesmas coisas são iguais entre si. Pois ela é Ariel, ela é Puck, ela é "um espírito e, no entanto, é também uma mulher". Quase sempre, enquanto a ouço falar sobre fadas, minha inteligência puramente racional, medida-padrão nesta parte tridimensional do mundo, parece que me abandona, pois é inadequada para esse mundo de maravilha que sua clarividência nos descortina.

Não posso deixar de acreditar que seus contos sobre fadas não sejam contos de fadas, mas sim reflexos de uma fase da vida que nos é estranha por ser invisível. Ainda assim, não mais estranha do que o mundo dos insetos no qual – espantoso, macabro, absurdo – acreditamos por ser visivelmente "métrico", e por essa razão não menos real do que o mundo das fadas.

Mas a fronteira entre o mundo transcendental e o "mundo concreto" é muito menos definida e estável do que parece. O limiar que divide o mundo numeral do fenomenal deve sua própria existência ao fato de que apenas certas oitavas de vibração reagem sobre nosso mecanismo sensorial, de modo a produzir as sensações de tato, audição e tudo o mais. Desse modo, o tangível, o visível, o audível constituem o que chamamos de mundo "real"; mas até o homem de ciência, materialista, sabe que essas palavras assim aplicadas não têm validade, pois seria absurdo negar uma realidade igual às outras oitavas de vibração com as quais o mecanismo sensorial deixa de estabelecer relação. A conclusão inevitável é a de que, mesmo sendo irreal para nós, o mundo chamado transcendental é tão verdadeiro quanto o mundo físico. É impossível, portanto, negar que o mundo das fadas exista, tanto quanto o "fatual".

Também devemos ter em mente que esse mundo de percepção sensorial está sujeito a variações de tamanho devidas, em primeiro lugar, às grandes diferenças de sensitividade dos indivíduos, e em segundo lugar pelos apoios mecânicos, como o microfone, o telescópio, o microscópio. O ouvido do músico pode detectar tons inaudíveis para os menos dotados; os olhos de um pintor são capazes de discernir cores do arco-íris numa cortina batida de sol, onde outros apenas percebem o branco; o sentido do olfato de um cão abre-lhe um mundo que seu dono ignora; os olhos da coruja atravessam a escuridão, assim como os do abutre ultrapassam o nevoeiro; enquanto que esses dons raros, mas autênticos de clarividência, tais como os de Dora van Gelder sobrepujam totalmente o limiar psicofísico.

Aquilo a que estamos acostumados a nos referir como "o mundo da realidade" deve, portanto, ser concebido como a parte do mundo transcendental, maior e inexplorada, que a fraca e flutuante percepção sensorial é capaz de iluminar. O limiar psicofísico torna-se então apenas o limite exterior da irradiação que esta luz de candeeiro cria à medida que avança – pois, na verdade, avança, ou melhor, amplia-se. Isso porque, no processo evolucionário, o limite entre a parte transcendental e a parte apreendida terá sido empurrada para diante na mesma direção, devido ao fato de que o número de sentidos aumentou e de que sua capacidade funcional cresceu, enquanto seu poder também foi enormemente ajudado pela invenção. Tudo isso constitui causa e efeito, na expansão da própria consciência.

Pois toda evolução é, em última análise, a evolução da consciência – uma sempre crescente percepção – e o homem é preeminentemente "aquele que conhece". O desejo de conhecer, mais cedo ou mais tarde, cria os órgãos e instrumentos necessários ao conhecimento. Por outro lado, verifica-se um espantoso fenômeno no domínio da ciência física: sua intensiva preocupação com os fenômenos – seu esforço para descobrir a causa deles – levou diretamente ao mundo normal, ao interior dos fenômenos. A astrofísica e a química lidam agora com fantasmas, que na verdade são fatos. A matéria, no antigo significado da palavra, desapareceu; o tempo e o espaço são telescopiados juntos, numa abstração matemática; cada conclusão é rapidamente absorvida por outra, mais etérea e fantasmal, até que, com o "princípio da incerteza" do Dr. Werner Heisenberg, parece que alcançamos os limites do mundo métrico, pois esse princípio significa, na verdade, que se um elemento é medido, com certeza o outro deve permanecer incerto, destruindo portanto a velha gabolice do físico que afirmava que, tendo em mãos todos os detalhes de um sistema, seria possível predizer sua futura condição.

Desta maneira, a ciência, que é o conhecimento baseado na observação exata e no correto pensamento do mundo acessível aos sentidos, é por seu desenvolvimento o que dilacera este mundo, assim como um carvalho em crescimento destrói o vaso que o contém. Hoje, a hipótese suplanta a hipótese tão rapidamente que Eddington declarou na tribuna que, mesmo durante o tempo de sua palestra, alguma nova teoria talvez suplantasse aquela que ele estava difundindo. Isso se parece com a profecia de Ouspensky de que "a ciência deve chegar ao misticismo", para entrar em processo de realização. Certamente a ciência esclareceu o assunto e preparou o caminho para que a mística se aproximasse dos mistérios da existência, aproximação essa feita por *apreensão direta* – ou aproximação emocional, se preferirem – pois o próprio Eddington afastou o estigma de tal aproximação, declarando que certos estados de percepção têm pelo menos um significado igual ao daquilo que chamamos de sensações, e que entre estas deve ser encontrada a base da qual surge uma religião espiritual – e, acrescentemos, o conto de fadas.

Estendi-me sobre tudo isto tão longamente para que o leitor não fique desconfiado nem rejeite o fato de que este livro é, confessadamente, fruto do método da "apreensão direta". Desejei demonstrar, mesmo não sendo este o método aceito e benquisto pela ciência, que nem por isso se trata de um método anticientífico, nem pode ser desacreditado e posto de lado. Trata-se de um método perfeitamente válido, apesar de não ser ortodoxo. Tal como diz Dora van Gelder, há tantas pessoas que não acreditam no mundo mágico, e tantas outras que desejam acreditar, e que acreditariam não fosse a errônea noção de que a ciência "elotrocrutou Papai Noel", que seria uma pena se essas pessoas fossem afastadas do limiar desse mundo de maravilha devido à suposição errônea de que a ciência erigiu ali um cartaz com os dizeres: "Não ultrapassar; os transgressores serão punidos." Esse cartaz não existe.

Eddington não encontra melhor nome para o fundamento ou base de todos os fenômenos do que "matéria mental", porque só é apreensível pela mente e forma uma coisa só com a sua natureza. Mas a mente implica consciência, e a consciência, até onde nossa experiência nos ensina, é atributo de uma pessoa ou de um ser – uma condição de existência. Portanto, esse vasto setor da vida, do qual a ciência reserva para si um pequeno segmento – aquela parte com que se pode lidar matematicamente – temos liberdade para considerá-lo povoado de seres – até mesmo de fadas. Se preferirmos, de tronos, de dominações, de principados, de potestades, de querubins e de serafins – e a ciência não terá poder para nos impedir.

Neste livro, Dora van Gelder afirma que o amor, a vontade e a inteligência entram em todas as operações da natureza que uma ciência materialística nos ensinou a considerar simplesmente mecanicista e nos apresenta uma hierarquia de seres que são os instrumentos dessas operações. Filosoficamente, essa visão do universo poderia ser chamada de animista, e nada há de novo nisso. Ela tem uma base mais sensata do que qualquer teoria mecanicista, porque ambas são inevitavelmente dualísticas e transgridem o princípio da *necessária uniformidade*. Não temos nenhum dado para aceitar o movimento como um princípio fundamental do mundo, e se é impossível admitir por trás dos palcos da criação do mundo um motor mecânico inconsciente, então é necessário considerar o mundo como algo vivo e racional. Pois uma ou outra dessas duas coisas deve ser verdadeira: ou é mecânica e morta – "acidental" – ou é viva, animada. Não pode haver nada morto na natureza viva e não pode haver nada vivo numa natureza que é morta no sentido de que é sem consciência. O "materialismo monístico" é uma contradição em termos; o materialismo só pode ser dualístico.

Dora van Gelder foi criada no Oriente, onde o visível e o invisível se superpõem e se interpenetram de tal maneira e até um ponto estranho e incrível para os hábitos ocidentais de pensamento. Seus pais eram dotados do mesmo poder de clarividência que ela possuía, e em sua tenra infância ficou sob a tutela de C.W. Leadbeater, o famoso ocultista. As maravilhas que narra aqui, portanto, não lhe pareciam absolutamente extraordinárias, pois faziam parte do conhecimento comum e da experiência daqueles com os quais conviveu e que mais amou; e durante muito tempo ela viveu sob a ilusão de que essa "segunda visão" era uma faculdade que todos possuíam.

O folclore de todas as nações é rico em criaturas do ar e da água que são induzidas, pelo amor de um mortal, a tomar a forma humana e a sujeitar-se à experiência humana, ao mesmo tempo em que mantêm contato com o seu mundo e com os habitantes desse mundo. A cosmoconcepção teosófica também sanciona a idéia de que um membro da evolução deva possa alguma vez, pelo interesse de uma experiência ou desenvolvimento especial, encarnar-se entre os homens. Tão absurda quanto essa idéia possa parecer ao pensador convencional, esta é a única idéia que, no meu parecer, pode de algum modo explicar Dora van Gelder. Por mais que eu tente, não consigo dramatizá-la como tendo incorrido nessa evolução ascensional, perigosa, lenta, dolorosa, desde o animal até o homem, que é, de forma tão evidente, o atalho da origem humana que o animal imperfeitamente desenvolvido continua a ver com seus olhos humanos e que se trai no pensamento e na ação. Para todos estes, Dora é como Ariel para Caliban. Não que lhe faltem simpatia e compreensão: ela as tem. Mas sentimos que é justamente para possuí-las que ela assumiu uma aparência carnal neste áspero mundo de sonhos corrompidos. Não preciso apresentar sua atitude verdadeira e habitual e seu ponto de vista, porque até ofuscam pela clareza de seus escritos. Seu livro *News from Nowhere* é iluminado por uma luz deslumbrante por sua intensidade; nele, vibra uma alegria quase perturbadora na sua jucundidade, e revela uma fé na Grande Beneficência que é quase mais "incondicionalmente incondicional" do que a fé dos mais fiéis. Estas coisas irrompem através da seqüência de sua narrativa sobre a história natural do país das fadas como a luz do Sol cortando uma nuvem. O livro inteiro, apesar de falhar por vezes devido às hesitações perceptíveis na narrativa da escritora, e ao andar pedestre ao qual procurou disciplinar seus pés dançantes, está saturado por uma beleza élfica, "rica e estranha". Não posso imaginar de que maneira o leitor cético será capaz de resistir a essa divina invasão.

É um livro cheio de "conhecimento do coração", pois afirma coisas em que o coração forçosamente deve acreditar: a unidade da vida, o domínio do amor, a existência de "um bem para todos nós", a despeito de toda espécie de aparência maligna.

Não posso prestar-lhe mais elevado louvor do que dizer que o seu livro é *como a infância*. Que os leitores se integrem, portanto, enquanto o lerem, na infância.

Claude Bragdon

1

INTRODUÇÃO AO MUNDO DAS FADAS

Muitas pessoas desejam, até com veemência, acreditar na existência das fadas. A Gente Pequena está tão ligada às felizes recordações da infância que essas lembranças as deliciam, como parte de um mundo menos materialista. Mas, para a maioria de nós, as fadas permanecem como uma ilusão perdida. Por sorte, isso não acontece com todos. Eu, entre outros, tenho visto toda espécie de fadas, até onde vai minha memória, e ainda as vejo diariamente. Entendo por *vê-las* que elas estão fora de mim tanto quanto as árvores, e são vistas com a mesma objetividade.

Nas páginas seguintes eu me proponho a transformar esses adoráveis seres numa realidade igual à minha. É melhor tentar de início deixar bem claro qual o motivo que me deu algumas vantagens especiais para tanto. Em primeiro lugar, tendo nascido no Oriente, nunca fui desencorajada em minhas observações sobre fadas, porque há muitas pessoas lá que realmente as vêem – e muitas mais que nelas acreditam. Por esta e por outras razões, o poder de vê-las, que não é incomum em crianças, persistiu em mim. Depois, tive a boa sorte de entrar nesta vida numa família e entre amigos que incluíam algumas pessoas que também podiam vê-las; e, por fim, as viagens aumentaram essa lista. Portanto, o que vou relatar aqui não é a imaginação única de uma criança isolada. É informação reunida em muitos contatos e conversas com fadas através do mundo inteiro, em circunstâncias perfeitamente naturais, apesar de nada comuns. Podemos comunicar-nos com esses seres de modo exatamente tão definido como nós, criaturas humanas, dialogamos – e ainda melhor pois, apesar de o método ser meio diferente (o que descreverei em breve), é mais rápido do que a fala e possibilita um intercâmbio mais correto.

É importante mencionar essas coisas porque, assim que vemos o mundo do ponto de vista das fadas, temos uma rápida visão de um novo universo. Tantas coisas que nos parecem importantes não têm para as fadas o mesmo significado. A vida e a morte, por exemplo, são coisas sobre as quais elas sabem tudo; para elas, não acarretam incerteza ou tragédia. A humanidade, com tanta freqüência, encolhe-se diante da vida e teme a morte. As fadas realmente vêm o fluxo da vida através de todas as coisas. Nós vivemos num mundo de formas sem compreender a força vital que há por trás dessas formas. Para nós, a perda da forma significa o fim da vida; as fadas, porém, nunca se decepcionam assim. Elas têm uma lição perspicaz e poderosa para nos dar.

Por que a maioria das pessoas não vê as fadas? Elas vivem no mesmo mundo que nós, mas seus corpos são menos densos que os nossos, ligeiramente menos densos do que o gás mais tênue. Tenho a certeza de que o véu existente entre nós e elas é extraordinariamente fino – tão fino que quase todos poderiam penetrá-lo com um pequeno esforço na direção certa. A dificuldade é indicar essa linha certa, sobretudo fazer com que outros a compreendam. O fato mais certo é que uma forte razão para que não as vejamos deve-se a uma diferença de ponto de vista. Portanto, se o que escrevo aqui pode ajudar a modificar o ponto de vista com relação ao mundo mágico, ajudará a fazer com que sempre haja mais pessoas capazes de vê-lo.

Isto, é claro, não é tudo. É preciso despertar um sentido especial em quem quiser ver fadas. A espécie de mundo em que elas vivem não afeta diretamente os nossos sentidos habituais. As fadas não podem ser tocadas ou sentidas. No entanto, podem sem dúvida ser vistas. Na verdade, a visão comum é uma ajuda para vê-las, mas esse sentido em si mesmo é grosseiro demais para apreender a luz que elas emanam. Todos têm, latente, um sentido mais delicado do que a visão, e certo número de pessoas – surpreendentemente um grande número – bem aguçado. É este senso mais elevado de percepção que é usado para observar as ações do mundo das fadas. Afinal, todos têm uma grande variedade de equipamentos sensoriais. O tato revela os sólidos, o paladar nos fala sobre os líquidos e o sentido do olfato denuncia os gases. A visão é ainda mais sutil, e a série não termina aí. Existe uma força de visão especial chamada clarividência – ver com clareza.

O fato é que há uma base física real para a clarividência, e essa faculdade não é especialmente misteriosa. O poder está centrado naquele minúsculo órgão do cérebro chamado glândula pituitária. A espécie de vibração desenvolvida é tão sutil que nenhuma abertura física na pele é necessária para dirigi-la até esse corpo pituitário; mas há um lugar especial de sensibilidade entre os olhos, acima do cavalo do nariz, que age como a abertura externa para essa glândula interna. É como se estivéssemos olhando desse lugar situado na testa, exatamente como se, na visão comum, estivéssemos olhando com os olhos, apesar de sabermos que apenas estamos vendo através deles. Suponho que existe uma diferença entre esse lugar sensível na superfície e a glândula pituitária interna, que não é uma estrutura nervosa de qualidade física habitual. Mas a percepção age exatamente como eu disse. Quando é necessário olhar para dentro desse mundo mais belo, no qual as fadas e outras espécies de seres existem, basta apenas concentrar-nos por um momento ao longo dessa linha de visão e o sentido responde quase como se os olhos (mas, neste caso, um só olho) se tivesse aberto. Dizem-me (pois não pretendo ser muito bem informada sobre biologia) que houve outrora, nos animais primitivos, ancestrais do homem, uma conexão entre a glândula pituitária e a pele, com uma abertura externa. A atual região pituitária é considerada como um remanescente atrofiado daquela época. Mas os médicos estão longe de julgar que a glândula é um remanescente inútil, pois ela guarda, em suas duas partes, alguns dos elementos que são componentes do fluxo sangüíneo e que têm uma poderosa influência sobre o crescimento e sobre outras funções. Portanto, a glândula pituitária está muita viva e é importante nos seres humanos. Sem dúvida nenhuma, tem a possibilidade de receber vibrações muito delicadas de um mundo de coisas que são mais sutis do que algo que conhecemos. Eu gostaria de tornar isto mais claro ainda, mas talvez a explicação dada seja a melhor possível. Talvez, de certa maneira seja bom que tal sentido não esteja tão facilmente à mão, pois alguém poderia forçá-lo a funcionar. Digo isso porque qualquer esforço violento para instigar a natureza além de seu momento é causa freqüente de muitos perigos. Às vezes, há quem se force a um estado de clarividência usando sua vontade, tomando drogas, ou realizando outras práticas. Entretanto, se tal desenvolvimento não é natural, via de regra não é isento de perigo. Mas isto não o torna menos real, em casos em que o poder ocorre de maneira perfeitamente normal.

Sempre se pergunta por que nem todos podem ver as fadas. Creio que isso se deve, em parte, ao fato de ninguém tentar fazê-lo nem quando ainda é criança e muito menos quando está crescendo; o resto da resposta é que os poucos sabedores de que as fadas existem não procuram vê-las da maneira correta. Mais para o fim destas páginas terei algo a dizer sobre isso e, portanto, o assunto deve ficar por aqui. Quanto a mim, eu *posso* ver fadas. Posso vê-las com os olhos fechados, mas em geral não os fecho, pois além de ser desnecessário, quando a visão clarividente as traz para seu âmbito, a visão comum ajuda muito observar detalhes. E muitas fadas estão tão próximas da visão comum que é muito mais fácil estudá-las assim. Não sei qual é exatamente a espécie de luz que emanam ou refletem (pois são luminosas), porque não sou física e, mesmo que o fosse, que instrumentos poderia usar para estudar algo tão sutil?

Um amigo cientista sugeriu que eu olhasse as fadas com e sem óculos, a fim de fazer algum teste sobre a espécie de luz de que se trata. Eu o fiz e descobri que as fadas ficam diferentes quando vistas com óculos, assim como as árvores. Mas talvez a distorção se deva ao efeito sobre a visão comum.

Além disso, não parecem tão visíveis através de uma vidraça de janela. Surge aí novamente a mesma questão: é a diminuição da luz que afeta a visão de olhos comuns? As experiências deste gênero necessitam da ajuda de certo número de pessoas que tenham visão clarividente e, para serem frutíferas, deveriam estender-se durante um longo período de tempo. É melhor estabelecer os fatos que pareçam importantes e continuar com a questão total de saber como são as fadas, pois é esse nosso principal propósito.

Devo começar por dizer que, no mundo invisível, há muitas qualidades de criaturas e de atividades, além das fadas. Não é a meta deste livro o alongamento sobre as outras coisas; no entanto, algumas delas estão tão intimamente ligadas à vida e ao trabalho das fadas que terei de mencioná-las no momento oportuno.

Antes de mais nada, devo explicar que há duas importantes formas de vida relacionadas com as fadas e que fazem parte do reino da natureza. Na verdade, as fadas fazem parte de uma grande linhagem evolucionária, paralela à humanidade. Ela começa, assim como a linhagem humana, com algumas formas extremamente primitivas e se eleva, passando pelas fadas (que estão em vários estágios de evolução) tendo como nível mais elevado os que são tradicionalmente chamados anjos ou devas.

Podemos dizer em linhas gerais que as fadas estão para os anjos assim como os animais estão para os homens. Quase todas as fadas se relacionam com os processos da natureza, o que descreverei mais tarde, juntamente com muitos dos anjos. Estes não são o tema deste livro, a não ser quando relacionados com as fadas, mas gostaria de dizer que as idéias convencionais sobre eles ficam, no todo, bem longe dos fatos. Os anjos são muito mais interessantes em si mesmos do que se julga, pois realmente existem e vivem. A idéia convencional sobre os anjos nunca me atraiu, pois são retratados como seres com toda espécie de virtudes mas muito pouca personalidade, enquanto que, na realidade, os anjos têm individualidades vívidas e são fascinantes. São seres fortes, nada negativos ou fracos.

Um fator na crença popular sobre os anjos é correto, quanto a serem de inteligência superior à dos homens. Muitos e muitos são imensamente superiores, é claro – seres magnificentes. Da mesma forma, muitas fadas são muito mais inteligentes e mais altamente desenvolvidas do que os animais. Penso que as fadas, como um todo, são mais evoluídas do que os animais. Isto também vai ser revelado à medida que prosseguirmos, pois teremos casos e exemplos específicos.

Um fato singular me impressiona sempre que debato isto com outras pessoas, em todo lugar. Ainda que muita gente seja criada com a idéia de que as fadas são apenas uma ilusão ou uma fantasia, ao passo que os anjos são reais, na verdade quase ninguém acredita em anjos, enquanto que muitas pessoas realmente acreditam em fadas, a despeito de tudo. Isto deve-se ao fato de que as fadas estão mais próximas das pessoas do que os anjos. Apesar de não precisar ser assim

– isso se dá por culpa dos homens. Há também outra causa: as fadas são associadas em muitas mentes com coisas alegres, ao passo que os anjos são associados com formas de adoração, afastadas de nossa experiência ou relacionadas com eventos tristes, tais como morte e sofrimento.

Os seres menos elevados deste rio evolucionário podem ser chamados de "elementares", porque sua vida é pouco organizada e porque eles, tal como os elementos, não têm sentimento e, é claro, nem pensamento. São em geral pequenos, mas variam grandemente em tamanho e são enormemente diferentes em caráter e função. Mas não devemos preocupar-nos muito com eles, exceto quando ocorrem naturalmente nos relatos sobre fadas.

A vida elementar, como a das fadas, fica também em contato próximo dos seres humanos. A vida das fadas, que é muito diferente das formas elementares, apesar de procederem delas num sentido evolucionário, tem muitos contatos notáveis com a linguagem humana. Não é tão fácil entrar em contato com anjos, no entanto. A matéria da qual é feito o corpo de um anjo é muito mais fina do que a do corpo das fadas, e absolutamente não é visível ao olho físico. Os anjos necessitam de uma pura forma de clarividência para a observação, tão fino é o material de que seus corpos são feitos. Portanto, ao passo que os anjos quase nunca são vistos com a visão física, as fadas podem ser vistas desse modo, sobretudo com o canto do olho. Há certo número de pessoas que é capaz de ver as fadas dessa forma. A teoria que o explica é que a parte central da retina é tão usada para a visão comum que não responde às vibrações mais delicadas da luz das fadas, enquanto que o resto da retina está sem sobrecarga e mais apropriado para tais usos. No capítulo sobre evolução, teremos algo sobre a relação da vida elementar com a forma seguinte, mais elevada que todas, dos anjos que encimam essa linha evolucionária.

Devo esclarecer que, neste livro, descrevi apenas uns poucos dentre os milhares de gêneros de fadas que existem. Não quero que alguém suponha que eu penso ter visto todas as espécies. Não sei se elas são tão numerosas e variadas como insetos, pássaros, mamíferos e peixes, mas existem em grande variedade e quantidade. Creio que serão dados nomes diferentes e apropriados, com o correr do tempo, a todas as espécies e gêneros.

Na verdade, em antologias diferentes elas têm nomes. Mas evitei esses velhos termos. Eles têm tantas associações com a simples crença, não com o conhecimento, que afastam do assunto assim como a discussão de realidades. Além do mais, certo número de idéias preconcebidas saltam para o interior das mentes quando os termos elfo, troll, ondina e semelhantes são usados. Estas idéias, às vezes, são corretas e, às vezes, erradas mas, para não incorrer em erro, ignorei a maioria desses velhos nomes e adotei outras denominações que me pareceram mais úteis. Também chamei a todo o reino "das fadas". Algumas vezes, estes seres são, em geral, classificados como espíritos da natureza, ficando o termo "fada" reservado só para um tipo especial pertencente aos bosques ou jardins. Isso talvez seja uma boa idéia em relação à exatidão, mas o termo fada é compreendido de maneira mais generalizada do que eu empreguei para todo o reino.

Há uma divisão muito clara, dentro desse reino, assim como no mundo dos animais e das plantas, e essa divisão se dá entre as fadas dos vários elementos. Portanto, arranjei a parte descritiva deste livro para que se conforme com a grande divisão natural das fadas, isto é, as da Água, as do Fogo, as do Ar e as da Terra.

Pois as fadas da água são bem diferentes das de qualquer outro elemento; o ar oferece variedades que diferem do resto, tal como os pássaros são diferentes dos peixes e dos insetos, e assim por diante. Isso fornece uma natural e inevitável classificação que não depende tanto de uma experiência física. Os grupos se fundem uns nos outros, tal como, em nosso mundo sólido, alguns peixes podem voar um pouco, algumas criaturas terrestres são capazes de nadar, etc. Mas é, apesar de tudo, uma divisão clara e real.

Entretanto, existe entre todas elas um tipo que caracteriza completamente o termo fada. Trata-se da fada dos bosques e dos jardins, que figura com freqüência nestas páginas. Elas são encontradas em toda parte e variam tanto de continente para continente como as nacionalidades variam na humanidade. Talvez o melhor meio de mergulhar em nosso assunto é escolher algumas dessas fadas da terra e descrevê-las extensivamente, na esperança de que, com sua ajuda e companhia, possamos entrar livre e alegremente no reino desse povo muito real, encantador e amigo.

2

DIÁLOGOS COM A GENTE PEQUENA

O nosso mundo já toca o das fadas em alguns pontos. Muitas pessoas sentem em maior ou menor grau o espírito de um bosque ou a grandiosidade de uma montanha, mas atribuem isso, na maioria das vezes, a estranhas visões, sons e sensações. No entanto, essa sensação procede com freqüência do mundo mágico que o habita. Poetas como A.E., James Stevens, Yeats, Tennyson e Shakespeare, enriqueceram nosso conhecimento e sentimento sobre o mundo das fadas. Há uma enorme quantidade de pessoas, mais do que se supõe, que estão em íntima comunhão com fadas e anjos. A brecha entre os dois grupos de seres, as fadas e os homens, não é tão grande quanto o imagina a nossa ignorância. Se ao menos pudéssemos entender que vivemos num mundo coalhado de fadas, de anjos e de toda espécie de seres, isso faria uma enorme diferença em nossa atitude e em nosso modo de viver. A simples crença de que tal mundo existe deveria deliciar-nos; seu conhecimento e certeza seriam, sem dúvida, uma conseqüência disso. Nós mesmos nos tornaríamos muito mais alegres, pois é impossível entrar em contato com esse mundo que palpita de alegria sem deixar de adotar o mesmo espírito, que desperta nossa energia criativa.

Eu fui apenas uma das muitas crianças que souberam o que são as fadas desde a mais tenra idade; mas, no meu caso – devido à minha boa sorte e talvez a vantagens especiais – esse conhecimento não só persistiu como se ampliou. O leitor deve saber de casos como esse; eu também encontrei muitas crianças que as vêem, e vários adultos que também recordam a época em que tinham essa capacidade. Por outro lado, poucos reconhecem essa faculdade, pois quase sempre têm medo de parecer estranhos. Até a maneira como os pais tratam os filhos coloca-os na defensiva sobre o assunto. Ser espancado por "dizer mentiras" não serve de encorajamento para levar avante o assunto. Isso leva a criança a sentir vergonha de uma experiência tão linda. Além do mais, devemos lembrar que todo o procedimento de visualizar fadas é, no mínimo, uma operação delicada: a capacidade de ver requer condições de calma e paz; além disso, deve-se considerar que as próprias fadas são tímidas como criaturas selvagens que são e precisam ser domesticadas e atraídas. De modo geral, mesmo nas melhores circunstâncias, especialmente nas imediações das cidades, não é fácil os inexperientes terem sucesso em suas tentativas. Acrescente-se a isso a positiva hostilidade ignorante da maioria e, sobretudo, a crença de que apenas é real a matéria densa, e poderemos começar a julgar o problema enfrentado pela criança vidente. Por sorte, cada vez há mais pais que tomam consciência de alimentar capacidades criativas e mais elevadas percepções em seus filhos.

As pessoas que vivem próximas da natureza, tais como os camponeses e fazendeiros de todo o mundo, conhecem as fadas. A evidência é tão indiscutível em seu peso e na sua fonte como é importante em sua natureza e conseqüências. É importante, portanto, estabelecer exemplos de contato entre os dois reinos.

A relação que todos poderíamos ter com fadas pode ser ilustrada por um incidente. Há muitos anos, alguns amigos festejaram meu décimo quarto aniversário com um piquenique no National Park, na Austrália. Na reunião, havia outros videntes, e quando nos sentamos à margem do principal riacho do parque, notamos muitas fadas curiosas e amigáveis, olhando-nos através das moitas. Era nossa primeira visita ao parque e a riqueza da vida mágica nos levou a entrar em contato com o anjo da área. Verificamos que era uma personalidade notável, de grande estatura, com um ar de poder e determinação. Estava acostumado a dirigir e a executar seus planos, mas tudo repassado de grande bondade. Ele havia sido atraído por um membro da festa que usava uma cruz, uma pequena jóia, um símbolo de força e, neste caso, uma jóia com especial irradiação de luz. Por isso o anjo a notou, e nos disse isso. Estava interessado em saber se éramos capazes de conversar com ele e de ver fadas. Desejava saber tudo a respeito da cruz e até exprimiu o desejo de ter alguma coisa parecida, perguntando se não poderíamos conseguir algo igual. Ficamos, é claro, curiosos por saber o que o fazia desejar tal coisa e ele explicou. Disse que estava dando vida àquele grande vale e tinha um plano para isso. Dividira o vale em três partes e em cada lugar desejava que fosse mantida uma influência diferente. Com essa finalidade, colocara ao longo da enseada mais baixa, que dependia da maré, uma certa espécie de fadas encontradas no mar, e também uma espécie intermediária que habita as águas salgadas. Mais no alto, na terra, alguns gnomos e outras fadas cor de esmeralda. Num local mais alto havia uma represa calma; dentro e à sua volta ele juntara fadas da água, especialmente lindas e suaves, de um azul-turquesa pálido, muito parecidas com os humanos, e mandara que na terra circundante ficassem fadas azuis-celeste e muitos seres esplêndidos, como borboletas. Mais além ainda, no riacho, onde ele se tornava agitado e inacessível, o anjo mantinha uma terceira atmosfera, com fadas de uma espécie diferente da humanidade. Ele desejava uma jóia em forma de cruz para ser colocada na seção central do vale, a fim de estabelecer um centro ou ponto de influência para aquela parte da área. Ficamos interessados por tudo isso, e prometemos tentar conseguir-lhe uma cruz. Ele ficou extraordinariamente feliz com a idéia e muito agradecido.

Todos os que faziam parte da reunião cantaram canções, como se faz habitualmente, o que atraiu fadas de todos os lados, e o anjo continuou a observar o tempo todo. As fadas se juntaram à nossa volta e ficaram pasmas por encontrar pessoas que sabiam falar com elas e apreciavam o que faziam. Quando chegou a hora de irem embora, pediram-nos que voltássemos.

Na ocasião apropriada, eu e uma amiga voltamos, pois era o dia marcado para entregar a cruz ao anjo, mas não a levamos. Assim que chegamos ao local, na verdade nem bem tínhamos chegado, a primeira pergunta do anjo foi: "Conseguiram a cruz?" Eu expliquei que não, porque ainda não estava pronta. Diante disso, ele ficou extremamente desapontado, dizendo que era preciso que cumpríssemos o nosso trato, já que havíamos feito uma promessa, e que tais coisas não aconteciam no reino angélico. Para ele, esses deslizes de nosso mundo material não têm importância. Mas ficamos ali e passamos horas muito agradáveis fazendo amizade com algumas fadas amáveis que ficaram encantadas por conversar conosco. O plano do anjo incluía a ajuda de seres humanos, que afluíam ali aos milhares, nos feriados. Ele desejava dar-lhes alguma visão de beleza e um sentimento de repouso, e as fadas eram aconselhadas a ser tão amáveis quanto possível para com os visitantes, tentando compreendê-los. Por isso, tinham sempre curiosidade a respeito de como os homens agiam, interesse que se acentuou por terem encontrado dois seres humanos desejosos de conversar com elas e de explicar o comportamento humano. Alguns pontos eram misteriosos para elas. Por exemplo, muita gente jogava futebol por ali, nos feriados. As fadas podiam entender a corrida, mas não que a bola fosse um objeto de uma perseguição tão violenta. Nunca conseguimos esclarecer este fato o suficiente, a não ser dizendo-lhes que era um jogo. Prometemos ao anjo que voltaríamos e traríamos a cruz, sem falta.

Afinal, a cruz ficou pronta e a levamos para o parque. O anjo explicou-nos onde queria colocá-la mas, depois de andar umas duas milhas e encontrar o local, descobrimos que esse lugar era particularmente horrível, com uma atmosfera repulsiva e desagradável, devo admitir, inclinada a promover atos humanos malignos. Apelamos para o anjo nesse sentido, e ele respondeu que desejava a cruz naquele local desagradável justamente por ser tão repugnante. Ele esperava que as irradiações da jóia o melhorassem. Imploramos que ele não insistisse nisso, mas que escolhesse um local bonito onde exerceria a sua influência com ajuda do meio ambiente. Ele chamou outro anjo para o debate e, afinal, ficou decidido que a cruz seria colocada num local de grande beleza, e localizado num ponto mais central. Conseqüentemente, ela foi escondida ali e logo o anjo chamou todas as fadas do vale para o lugar. Vieram milhares juntar-se às centenas que vinham observando o caso com grande curiosidade. O anjo explicou o propósito da jóia, mostrou-a e então fez uma cerimônia para celebrar a aquisição. As fadas rodearam a jóia numa lenta dança circular, um encanto a mais junto às belezas daquele parque. O anjo lhes disse que viessem ali constantemente e se banhassem nas irradiações da jóia para que, assim, se estendesse a nova influência por todo o parque.

É claro que um episódio assim é raro, mas as fadas dos jardins estão diariamente em contato com os seres humanos. Em geral, quando as pessoas entram num jardim, nada sabem a respeito das suas fadas. No entanto, as fadas sabem; mas, como não há resposta humana, elas continuam a cuidar de seus próprios interesses.

Elas sempre reparam nas crianças, especialmente nas pequeninas, pois têm muita afeição por elas, que são, na ordem humana, as criaturas mais próximas. Se, no entanto, entramos num jardim sem ver as fadas, mas imaginamos a sua presença, podemos ter a certeza de entrar em contato com elas, sobretudo quando paramos para admirar as flores. A sincera admiração pelas flores e plantas é grande fonte de satisfação para as fadas. Se vêem um ser humano que realmente tem atração por uma planta ou flor especial, tomam interesse pelo admirador, como se sua vaidade fosse lisonjeada. Imediatamente pensam que tal pessoa deve ser muito bondosa, e dessa maneira é estabelecido um ponto de contato, já que cultivar plantas é um interesse comum. O amor pelas flores e um convite consciente para que as fadas ajudem é uma das maneiras para vir a conhecê-las, e talvez até vê-las. O amor pelas coisas vivas é a grande ponte entre os dois reinos.

O método para entrar em contato com os "bebês d'água" (como os chamo) é um tanto diferente. Eles não são, absolutamente, tímidos e não sentem vergonha dos seres humanos. Ao contrário, desejam aproximar-se e fazer amizade. Eles podem ajudar-nos consideravelmente devido à sua excessiva vitalidade, como examinaremos adiante. Quando morei perto do mar, encontrei uma adorável maneira de entrar em contato com as criaturas da água. Sempre que atravessávamos a água de balsa eu pensava nas fadas marinhas e as convidava para se aproximarem de nós. Elas o faziam de boa vontade, pois achavam que era um divertimento. Nós nos divertíamos olhando à volta do barco até encontrar alguma pessoa que tivesse um ar tristonho. Então perguntávamos a um dos "bebês d'água" se não queria ir até essa pessoa para lhe dar um pouco da radiante alegria que lhes é necessária. O bebê gostava de fazer isso, de modo que corria para aquela pessoa e, na verdade, muitas vezes víamos o rosto da pessoa transformar-se, até aparecer um sorriso. A fada, às vezes, ficava junto dessa pessoa durante uma hora, procurando fazer com que ela se sentisse melhor. (Estas fadas do mar podem seguir uma pessoa em terra durante umas duas horas, mas não muito mais.) Aí está algo que muitas pessoas poderiam tentar fazer. Os "bebês d'água" gostam de ajudar; para eles, tudo é aventura. Algumas pessoas sentem, após tais auxílios, como se tivessem comido uma refeição substancial; isto nos dá uma idéia da importância de uma ajuda deste tipo para uma pessoa sensitiva.

A ajuda nem sempre vai da fada para o homem; nem o contato entre os dois reinos é de tipo tão agradável.

Aconteceu comigo um caso que ilustra bem esse fato. Certa noite, na Austrália, algumas de nós fomos dar um passeio num local do porto de Sidney onde costumávamos encontrar um amiguinho nosso do reino das fadas. Quando nos aproximamos do local, a primeira coisa estranha foi a sensação de calor físico num certo ponto do atalho, apesar de ser uma noite fria depois de um dia nada quente. Ao mesmo tempo, havia também uma sensação muito desagradável de medo. Até então, não tínhamos pensado especialmente no meu pequeno amigo, mas naquele momento o vimos correndo o mais que podia para longe daquele local desagradável. Justamente então ele nos viu, voltou-se e veio correndo para nós, encantado e aliviado por nos ver. Contou-nos que estava aterrorizado, pois o lugar havia sido invadido por algumas criaturas muito perigosas, das quais tinha muito medo. Descobrimos que, na verdade, havia quatro ou cinco enormes criaturas de horrível colorido e disposição. Elas estavam brincando à sua maneira e retorcendo-se no chão. Eram de cor vermelha, aterradoras, com monstruosas caricaturas de cabeças de bisões e corpos informes. Eram a corporificação de alguns sentimentos inteiramente desprezíveis de alguns episódios envolvendo seres humanos que haviam acontecido naquele exato lugar. Algo se formara ali, aos poucos, devido a uma carga emocional desagradável, de modo que naquela noite os sentimentos negativos haviam tomado aquela forma elementar independente. Nosso amigo do reino mágico solicitou nossa ajuda. Procuramos afastar os bichos, pois eram de curta inteligência e nenhum deles podia ter qualquer uso prático. Eles eram obstinados e nenhum esforço de vontade tinha qualquer efeito direto sobre eles. Por sorte, descobrimos que tinham um medo mortal do mar, que ficava bem perto, e com um esforço de nossa vontade mais firme conseguimos afinal desalojá-los da terra e eles se precipitaram no porto, desaparecendo quase imediatamente de nossa visão.

Nosso amiguinho do reino mágico nunca esqueceu nossa ajuda e ficou para sempre nosso amigo, enquanto moramos ali. No entanto, é mais comum encontrar fadas que ajudam os homens do que o contrário pois, afinal de contas, elas têm conhecimento de nós e são quase invariavelmente bondosas, ao passo que nós raramente as conhecemos. Além disso, nós humanos somos sujeitos a grandes variações de temperamento – apesar de nosso mau humor não durar muito na presença das fadas!

Há todo um departamento, por assim dizer, composto de sílfides muito desenvolvidas e, com freqüência, até de anjos que tomam parte no trabalho. Muitas pessoas têm o que comumente é chamado de anjo da guarda. Por ocasião do nascimento, ou de outra cerimônia qualquer, uma sílfide fica definitivamente ligada à existência de um ser humano, a quem deve ajudar, sobretudo em épocas de crise. A sílfide tem especial interesse durante os anos da infância, e com freqüência essa conexão diminui mais tarde. Se, no entanto, o ser humano tivesse conhecimento deste relacionamento, poderia aproveitá-lo muito mais, pois a sílfide fica encantada por tomar parte na vida de alguém que responde ao tipo de coisas em que ela mesma está interessada. Se o companheiro humano é egocêntrico e só se interessa pelos aspectos mais materiais da vida, a sílfide logo perde interesse por ele, mas ainda assim o ajudará em certas ocasiões ou durante períodos de crise. Por outro lado, se a criança demonstra um interesse crescente por coisas que valham a pena e se está ajudando outras pessoas e, de modo geral, é espiritualmente bem orientada e com mentalidade comunitária, então a presença da sílfide e seu auxílio ativo podem continuar durante anos. Às vezes, o relacionamento é muito bonito. Em regra, nessa associação, a sílfide ou o anjo (nos casos em que é um anjo) são definitivamente mais desenvolvidos do que o homem ou a mulher, e têm as imensas vantagens da vida mágica, isto é, sua mobilidade, seu espírito cooperativo e sua visão de benemerência. Por exemplo, o anjo pode perceber que o filho de seu amigo humano está em perigo; então, inspira nos sentimentos da mãe da criança a idéia do perigo, e faz com que ela acorra e veja tudo a tempo. Inúmeras coisas pequenas – e muitas vezes eventos mais importantes que acontecem na vida diária levam esse relacionamento para uma forma ativa.

Na infância, o relacionamento entre os dois reinos é mais íntimo do que em qualquer outra época da vida. Isso porque, por sua natureza, as crianças estão mais próximas das fadas do que os demais seres humanos. As crianças são naturalmente alegres e de ação espontânea; elas se encaixam bem na natureza; são também de certo modo irresponsáveis, com poucas preocupações sobre alimentação e roupa, e têm uma notável capacidade para sentir encantamento, fascinação e alegria criativa em pequenas coisas como uma pedra ou uma caixa vazia. Têm também grande interesse pelas coisas que nasceram e cresceram há pouco, e são ilimitadamente curiosas a respeito de tudo o que está ao seu alcance; não têm consciência de tradições convencionais de comportamento ou de moral, adoram a aventura, as representações e os contos de mistério e de imaginação. Por tudo isso, as crianças estão naturalmente mais próximas da fadas. É por isso que, na infância, os portões da imaginação estão quase sempre abertos e o mundo mágico dos homens formam uma unidade.

Entre os adultos, há muitos indivíduos que têm uma percepção relativa quanto ao reino das fadas; mas o único grupo de pessoas que pode fornecer provas desse relacionamento é o dos marinheiros. Eles são marcados pelas condições físicas de sua vida; as horas em que fazem vigília noturna, sua vida no mar, segregados sempre com os mesmos companheiros durante longos períodos de cada vez, a sensação de desinteresse por todas as preocupações humanas comuns – tudo cria um ambiente especial. Entretanto, nessas circunstâncias, as fadas também têm seu papel. Os marinheiros são o único grupo de seres humanos quase exclusivamente sujeitos durante longos períodos à presença e à atmosfera de dois grupos especiais de fadas: as do mar e as do ar. A natureza destas fadas é bem diferente da dos tipos terrestres, tal como tentei esclarecer. É bem provável que o tradicional caráter do marinheiro, com sua crença no sobrenatural e no poder dos elementos, se deva a esse tipo de experiência. É verdade que os mineiros também estão sujeitos a uma espécie particular de mundo mágico mas, por um lado, sua parte é a do elemento terrestre e, por outro, depois de algumas horas, eles voltam às influências normais na superfície. Além do mais, o marinheiro se torna realmente saturado com o jovial mas estranho poder das criaturas do ar e do mar profundo.

Tenho estado freqüentemente na companhia de pessoas que são capazes de observar as fadas, mas o número delas é muito pequeno. Tenho encontrado dez ou vinte pessoas com essa capacidade, e estudamos juntas as fadas, várias vezes. Refiro-me aqui apenas a pessoas que as vêem sempre que o desejam. Em certas ocasiões, também estive com pessoas que tinham visto fadas pela primeira vez. E por vezes vou observar fadas para pessoas que me pedem, quando as circunstâncias tornam isso necessário. Apenas para exemplificação, certa ocasião fiz uma caçada de fadas no Central Park de Nova York só para satisfazer a exigência de um jornal metropolitano. Fui até lá, esperando não encontrar nenhuma, mas havia algumas, apesar de estarmos no início da primavera. Na verdade, eram bem interessantes, pois pareciam não ter medo de seres humanos porque os viam tão constantemente. Se alguma pessoa se aproximava de uma fada, ela se afastava um pouco, mas não tinha a percepção de estar sendo ameaçada. Havia duas espécies mais em evidência. Uma era a espécie pequena, de cor verde-esmeralda, de doze polegadas. Estavam muito alegres subindo numa nogueira americana, e pareciam felizes demais, saltando de ramo em ramo e divertindo-se naquele lindo dia de sol, para se corresponderem comigo. Também vi uma fada em dois tons de castanho e dourado, muito ocupada com alguns arbustos. Consegui começar uma conversa e procurei explicar que estava trabalhando para um jornal e se ela não poderia dizer alguma coisa especial para ser publicada. Ela ficou intrigada com a idéia de receber atenção, mas não conseguiu entender absolutamente. Sua idéia sobre o que era um jornal era a de uma coisa que as pessoas punham diante dos olhos e depois atiravam pelo parque! Por que faziam isso e como ela apareceria no jornal e depois seria atirada no chão era o que ficava de todo além de sua capacidade de entendimento. Quanto a uma entrevista especial não haveria problema; afinal ela estava ali, as pessoas também estavam ali, ela gostava delas, particularmente das crianças. Era uma fada extremamente objetiva, sem dúvida. Seja como for, apesar de a vida mágica no parque não oferecer nada de particular, o fato de elas existirem nas cidades era de muito interesse naquele momento. No passado, já acompanhei repórteres nessas caçadas de fadas – embora os repórteres jamais as tenham visto. Pois continua a haver grande interesse pelo mundo mágico, mesmo em nosso mundo materialista e orientado para a ciência. Ainda que as fadas tenham sido suplantadas na imaginação infantil por fantasias mais modernas, como as criaturas do espaço, elas continuam a ser uma profunda e instintiva necessidade do gênero humano. O anseio por sua amizade, e até pelo simples conhecimento de que elas existam tem raiz no fato de que as fadas lá estão, silenciosas e invisíveis para a maioria das pessoas; no entanto, bem próximas – batendo, de certo modo, com mãos élficas na fina parede que separa os dois mundos. As claras notas de sino de sua música quase podem ser ouvidas. A alegria e a beleza que elas personificam nos atingem de qualquer pedacinho de parque, de bosque, de jardim. O céu e o mar são os felizes limiares de seu mundo. Em toda parte há fadas e, portanto, em todo lugar há beleza e felicidade. Se os adultos pudessem ao menos readquirir a simplicidade e a franqueza das crianças ainda que em pequeno grau, também recuperariam a terra perdida da felicidade que é o reino da Gente Pequena, pois as fadas adorariam tornar-se seus simples amigos, sempre bondosos, com os quais eles sempre poderiam contar.

3

UMA FADA TÍPICA

Não é fácil dar uma descrição detalhada da aparência das fadas ou sobre a matéria de que são feitas. Para começar, existem muitas variedades diferentes. Esse problema talvez seja enfrentado melhor ao descrever uma fada mais ou menos típica, salientando aquelas características que todas parecem partilhar. O segundo obstáculo reside no fato de a maioria dos humanos achar difícil conceber a idéia de que algum corpo não seja feito de matéria física. No entanto, graças à ciência, compreendemos que matéria física em si mesma nada mais é do que padrões de energia e ondas; portanto, não devia ser difícil pensar nos corpos das fadas como uma espécie de matéria mais fina, mais sutil do que o gás mais rarefeito. Em nosso mundo, precisamos de um corpo mais ou menos rígido para resistir às tensões, acidentes e pressões, e isso resulta em toda espécie de estruturas especializadas, tais como o esqueleto ósseo e os sistemas nervoso e muscular. Mas o ambiente em que vivem as fadas não exige essa rigidez. A gravidade, a densidade e a pressão são totalmente diferentes, dispensando portanto uma forma complicada e resistente. Já que este é o aspecto universal do assunto, o que passo a explicar a respeito de uma fada é mais ou menos uma verdade universal.

Para fins da descrição, tomarei uma fada comum da superfície da terra, uma fada comum dos bosques ou jardins, que podemos considerar como a mais típica de todas. Podemos dizer dessa espécie que ela está a meio caminho da evolução mágica; ela está em constante contato com a humanidade, é encontrada em várias cores e tamanhos quase em toda parte do mundo e já tem sido vista por muitas pessoas.

Essas fadas são, na verdade, tão comuns que é fácil escolher uma para análise. Esta que descreverei é uma fada verde dos bosques de New England.

Ela tem cerca de dois pés e seis polegadas, com um corpo esbelto e uma cabeça um tanto maior em proporção ao corpo do que é comum entre os seres humanos adultos.

Seu corpo é feito de matéria num estado mais semelhante ao vapor do que qualquer coisa que conheçamos em nosso mundo, mas a forma é bem definida e duradoura. O material de seu corpo é tão frouxamente ligado como o vapor que jorra de uma chaleira de chá fervente, e de certo modo como uma nuvem de gás colorido. Na verdade, é exatamente isso, mas o gás é mais fino do que qualquer outro que conhecemos, sendo mais rapidamente detectado até do que o hélio ou o hidrogênio. Mas isso não o impede de se integrar numa forma, pois não se trata de uma substância química, mas de uma substância viva, que a vida satura e mantém. Na verdade, seu poder sobre essa matéria como criatura viva é demonstrado pelo fato de seu corpo ser composto de duas densidades diferentes de matéria. O corpo, propriamente, é de um verde-esmeralda muito denso, se considerarmos a qualidade de que é feita; ao redor disso, de todos os lados, tanto na frente como nas costas, há uma nuvem muito mais fina da mesma matéria, na qual a vitalidade da fada não é tão nitidamente palpitante. Essa porção mais fina, que se estende de todos os lados do corpo propriamente dito é verde-clara.

Toda essa matéria é virtualmente o elemento de que são feitas as sensações. Trata-se de uma matéria vital. Os movimentos de nossa amiga são devidos ao seu desejo de estar em algum lugar ou de fazer alguma coisa. Como a matéria de que é feita é, em si mesma, da natureza da emoção viva, em vez de ser um complicado sistema de veias, músculos e nervos, quando ela sente alguma emoção seu corpo responde de forma imediata e diretamente.

Devo explicar que, apesar de ver através da parte externa, mais fina, de seu corpo, e apesar de a parte mais densa do corpo propriamente dito ser tão tênue que a gente pensa ver dentro dela, isso não a impede de ter certa estrutura orgânica, apesar de mais simples, penso, do que pode ser o corpo físico de qualquer animal. O principal órgão interno parece ser o que podemos chamar de coração, um centro luminoso e pulsante aproximadamente no mesmo lugar em que ficaria um coração humano. É feito de luz dourada. Pulsa de modo semelhante ao de um coração humano, mas simplesmente para dentro e para fora. Quando está em atividade, é rápido; quando está calmo é lento. Esse órgão é o centro da vitalidade e parece fazer circular correntes vitais por toda a fada, que possui assim um sistema circulatório primitivo, que é uma espécie de sistema sangüíneo e nervoso combinado. A cabeça tem uma estrutura especial, mas a parte central da fada não está situada na cabeça, pois sua principal experiência se processa através do sentimento e da vida. Em raras ocasiões, quando está curiosa ou procura pensar, sua cabeça brilha com uma luz dourada interna. Como ela não come absolutamente, não possui nada parecido com um sistema digestivo, mas tem boca e outros órgãos faciais. Antes de passar para este último item, devo mencionar que seu centro cardíaco tem uma peculiaridade. A fada pode controlá-lo, e é assim que entra em contato com as coisas à sua volta, em particular quanto aos seres vivos. Quando ela quer responder a uma planta, faz com que seu coração bata na mesma velocidade da planta. Essa sincronia as unifica. Como já disse anteriormente, o segredo da vida mágica é o ritmo. Cada espécie de fada (seja da água, do ar ou do fogo) vem ao mundo com uma extensão limitada e definida de poder rítmico, de acordo com sua espécie e sua natureza pessoal. Dentro dessa extensão, ela controla o ritmo de sua vitalidade por seus desejos e sentimentos.

Esse ritmo cardíaco é uma matéria de contato vital com as coisas à sua volta, mas suas sensações e respostas a um estímulo externo agem sempre, esteja ela ou não em sincronia de identidade com a pessoa ou criatura. Isto é: a fada possui qualquer coisa semelhante ao nosso mecanismo sensorial. Ela é toda sensação e, portanto, não recebe impressões exclusivamente através de órgãos específicos, como os olhos ou o ouvido, mas de modo geral de maneira vívida em todo o seu ser. Ela se satura de coisas que lhe dão sensações. É verdade, entretanto, que essas sensações se manifestam de modo mais agudo e especializado em certas partes do seu corpo. Por exemplo: ela tem olhos de certa qualidade e parece que se vira para olhar melhor alguma coisa, mas é capaz de perceber algo visível atrás de si porque seu corpo inteiro sente essa irradiação. Seus sentidos incluem o do olfato – em todo o seu ser – pois ela se banha no que é evidentemente o perfume doce de certas flores, mas também faz a mesma coisa com flores que me parecem não ter fragrância alguma. Portanto, neste particular, a fada deve ter maior sensibilidade do que nós. Ela não tem o sentido do paladar, pois, sendo efêmera, não come, mas sem dúvida recebe sons e responde à música; também nisto sua resposta é dada pelo corpo inteiro. Ela tem uma coisa parecida com orifícios de orelhas e, às vezes, orelhas pontudas, mas penso que o som, na realidade, é recebido por todo o seu ser; as orelhas servem de algum modo para interpretá-los.

Geralmente, a fada tem feições rudimentares. O único sentido que parece localizar-se num órgão especial é o da visão, pois uma fada nunca se aproxima para observar alguém. Os olhos não são bem definidos, e em muitos casos não têm cílios ou sobrancelhas, pois ela não precisa disso. Com freqüência, tem uma protuberância no lugar do nariz e, em regra, algo que lembra orelhas. Sua boca é uma linha, sem rugas à volta, e se curva um pouco para exprimir sentimentos de diversão ou de prazer (o que toda a sua forma exprime mais vividamente); por outro lado, raramente abre a boca e parece não ter dentes. Quando sorri, a boca recua para trás e fica mais comprida, de uma forma engraçada; mas nenhuma ruga se forma à volta dela ou ao redor de seus olhos. Seu rosto é de um bronzeado suave, coberto por uma espécie de pele verde-musgo.

Um fato singular é que, se alguém a olha de lado, sua cabeça é quase tão espessa quanto o corpo e ela quase não tem pescoço. Outro detalhe a respeito das fadas dos bosques é que têm pernas longas e corpo curto, ou pernas curtas e corpo comprido. Raramente exibem as mesmas proporções que nos são familiares.

Quando nossa verde amiga se movimenta, não vai de um lugar para outro caminhando, mas flutuando. Ela é dirigida pelo desejo ou pela necessidade de estar em algum local. É claro que, se quiser, pode saltitar com vivacidade e pular para baixo e para cima. Tem pernas e braços, mas sem precisão nos detalhes dos dedos das mãos e dos pés; muitas vezes a mão é como um pé. Não há nada que se pareça com os músculos e tendões que vemos no corpo dos animais. A fada é leve e graciosa, e singularmente ágil.

Aí fica uma detalhada descrição de uma das miríades de componentes desse povo miúdo. O resto seria uma simples extensão das qualificações acima. Pois existem muitas variedades, como demonstrarei, com modificações desde criaturas minúsculas de uma polegada ou duas até monstros enormes.

A fada, individualmente, até mesmo o pequeno amigo que acabei de descrever, tem o poder de alterar seu formato e tamanho de maneira notável. Seu corpo é sensação e vitalidade; na medida em que sente e vive, seu formato e tamanho se alteram. Pode tornar-se muito pequena, umas cinco ou seis polegadas, e pode aumentar até atingir cinco ou seis pés de altura. Mas precisaria de muito esforço para isso e não poderia permanecer em seu tamanho maior indefinidamente. Nem teria de ficar sempre verde. Pode adotar novas cores e formatos. Na verdade, um dos mais divertidos jogos entre as fadas é o que sempre chamei de "fantasiar-se" em cores e roupagens, segundo a sua fantasia.

Até no colorido natural as fadas comuns dos bosques e jardins variam grandemente de acordo com as localidades. Além dessa espécie, de corpo verde e rosto bronzeado (muito encontrada aqui em New England), vi algumas de cor escarlate com listras horizontais na Flórida; na Califórnia, vi-as douradas e às vezes numa cor forte com listras muito claras; nos Estados do noroeste, vi-as azuis e também de um delicado lavanda; ao norte da Califórnia, há fadas cor de bronze, como se fossem feitas num molde e muitas vezes com espirais ao redor do corpo. Na Riviera francesa há algumas amarelas e verdes, também listradas, e outras lindas, em azul e rosa, e umas poucas de cor escarlate e amarelo. Na Índia, lembro particularmente, entre as muitas espécies que existem por lá, uma de cor laranja-escuro e outras escarlates. Em Java, a mais bonita e comum é de um azul profundo com listras douradas. Na Austrália, a espécie mais encontrada é a azul-celeste, mas vi algumas estranhas fadas de cor negra e vermelha, nas montanhas. Há qualidades de fadas cor de laranja, amarelo e laranja listrada, como as que ocorrem em certas ilhas dos Mares do Sul. A relação acima já serve para mostrar que esse tipo de fada da superfície terrestre já tem por si só imensas variações no aspecto. A cor natural parece ter alguma relação simpática com a vegetação; em geral, a aparência das fadas é mais clara nas terras tropicais.

Essa mesma qualidade de fadas comuns dos jardins e dos bosques poderá servir como uma detalhada descrição de seu lugar na economia da natureza; volto a repetir que estou descrevendo apenas uma entre centenas de espécies.

Talvez a mais habitual das visões do mundo mágico seja a sua incessante atividade entre plantas, arbustos e outras coisas em crescimento. Em todos os jardins, em qualquer faixa de terra onde cresçam plantas, elas são vistas entretidas com grande atenção no cuidado constante dos seres vivos. Mas o que exatamente faz parte de suas funções e como elas afetam as plantas e os animais? A resposta, provavelmente, não é simples, mas posso tentar, seja lá como for, descrever o que vejo.

Antes de tudo, devo explicar que as fadas não vêem as coisas da maneira como nós vemos. Quando olhamos um botão de rosa, vemos apenas a forma da haste, das folhas, da flor. A fada vê isso de modo muito diferente. À distância de poucas jardas, o botão de rosa é para ela um objeto brilhante, maior do que a rosa física que nós vemos. Para ela, não se trata apenas de algo que reflete a luz, mas da fonte da luz fosforescente criada pela própria flor. Se a fada se aproxima, percebe muito mais detalhes. No lugar que chamaríamos de coração da rosa, ela vê um ponto bem-definido de luz e, a partir desse ponto, se irradiam delicadas linhas de luz colorida, que evidentemente correspondem à estrutura física das pétalas. Há um constante fluxo que brota do centro do coração, ao longo das linhas anatômicas da flor. Há duas correntes principais em ação. A planta, por si mesma, suga alimento, umidade e força da terra, e tudo isso passa pela haste no processo digestivo. Esse processo é visto pela fada como correntes de luz. Durante esse tempo, as folhas e as flores estão bebendo a luz do Sol, ao mesmo tempo em que absorvem dióxido de carbono, etc. e a luz do Sol fornece uma segunda correnteza. Estes dois fluxos se assemelham a espirais ascendentes e descendentes de luz, a haste do arbusto; por isso, a roseira também parece à fada uma estrutura de luz brilhantemente colorida, com finas linhas que são mais claras do que a estrutura habitual, castanha, verde e branca do arbusto. O coração da rosa é o centro distribuidor dessas energias para a própria floração:

"O desabrochar de um botão, o crescimento de uma folha, o espantoso desenvolvimento de beleza numa flor envolvem operações cuja química nos levaria muito longe de nossa compreensão atual, tão longe quanto a diferença entre o chumbo e o ferro, entre a água e o ácido carbônico, entre a gravitação e o magnetismo. Uma árvore contém mais mistério de poder criativo do que o Sol, ao qual pedimos de empréstimo toda a energia. Uma terra sem vida, um Sol e incontáveis estrelas, contêm menos maravilhas do que uma semente de resedá."[1]

Neste intercâmbio de energias, as da Terra e as do Sol, a fada tem uma parte bem-definida. Ela tem poder sobre ambas as correntes, especialmente sobre a vitalidade do Sol. Ela pode retardá-la e acelerá-la, além de acrescentar alguma vitalidade extra nos pontos em que deseja. A fada coloca-se em harmonia com a planta, fazendo com que seu próprio centro cardíaco bata com o mesmo ritmo da planta. Observa, parada, e avalia o que deseja fazer. Depois começa a trabalhar. Salta e pula sobre toda a planta e lhe dá batidinhas, toques de luz que fluem de suas mãos para as correntes vitais da planta. Desse modo, ela altera e ajusta a vida da planta. Ela gosta de ver uma alegre exposição de flores; portanto é provável que goste de supervisionar essas exposições, mas seu principal dever é fazer com que a planta viva nas melhores condições possíveis. A fada costuma gastar de dez a vinte minutos atarefada com esse particular.

Realizada essa difícil tarefa, ela deixa a planta, dá uma cambalhota ou duas no ar, e então salta e se diverte só pela alegria de estar viva. Depois, volta aos seus afazeres.

Pode-se fazer a seguinte pergunta, e com razão: "As plantas cresceriam sem essa ajuda?" Sem dúvida cresceriam, mas a intervenção das fadas (e, quando isso acontece, o cuidado dos seres humanos) estabelece a diferença entre um crescimento irregular e um crescimento luxuriante. As plantas crescem, sem dúvida, devido ao desejo interior de viver e de se reproduzir, tal como é o imperativo de toda a natureza. Mas a ajuda das fadas é exatamente tão importante para a

1. J. Arthur Thompson, *An Introduction to Science,* citando Kelvin, p. 150.

vida plena da planta como o arado é para o cereal, no campo. Por que não deveríamos aceitar o testemunho da própria fada? Ela própria sente que seu trabalho é importante. Sente-se responsável por tudo o que a planta passa e assume quase um orgulho maternal nessa realização. Além do mais, tem de mostrar os resultados à fada que lhe é superior e que, de vez em quando, vem ver como está evoluindo a situação. É espantoso constatar até que ponto essa espécie de trabalho é levada a efeito. Por exemplo; tenho visto até em estufas uma fada trabalhando nas plantas minúsculas. Essa espécie é muito menor, mas o trabalho que elas fazem é da mesma qualidade.

A fada passa grande parte da vida brincando; contudo, se existe uma linha que pode ser traçada entre o trabalho e a diversão é difícil dizer; isso é verdade na medida em que cuidar da planta que ama é um divertimento para ela. A fada considera isso menos como um dever do que como um prazer a que deve se dedicar com devoção. Na verdade, em sua vida há somente diferentes graus de diversão. Assim, os seres humanos e outras criaturas, mesmo não conhecendo nada a respeito das fadas, são influenciados pela alegria que delas emana e ficam felizes ao receber essas influências.

O divertimento toma a forma de saltar e pular, de observar curiosamente o ninho dos pássaros e de interessar-se por todo o espetáculo da vida à sua volta. As fadas conhecem um por um os pássaros e os animais do meio onde vivem e demonstram profundo interesse por tudo o que fazem. Nelas, o sentido de travessura é bem desenvolvido e pregam peças a todo momento. Uma fada se intromete na área de outra, fingindo gravidade ao fazer a tarefa da vizinha, mas é alegremente posta para fora. Elas têm grande poder de sugestão hipnótica sobre os animais, o que faz com que coelhos e esquilos percam o pedaço de comida que haviam começado a procurar. Tais artimanhas são apenas divertidas e os animais não ficam irritados nem realmente importunados com isso. Há grupos de fadas nas florestas que usam sua força mágica sobre os seres humanos em coisas pequenas, mas em geral deixam-nos em paz. Elas se sentam, de vez em quando, e contam casos umas às outras, o que assume formas surpreendentes. As fadas têm uma imensa capacidade de mímica e o sentido do drama. São artistas emocionais de rara capacidade, e grupos delas costumam montar espetáculos para divertimento mútuo. Devo explicar de novo que uma fada tem o poder não apenas de modificar a própria forma, mas também de vestir-se com roupagens maravilhosas, processo que é realizado juntando a parte mais densa do material que tem sobre si por meio de sua força de vontade ou desejo, e transformando-o no vestuário imaginado. Isso requer esforço e concentração e leva alguns minutos para ser realizado, sobretudo se ela deseja modificar sua forma. O vestuário imaginado dura enquanto ela sustenta o esforço da transformação. Muitas fadas não conseguem concentrar-se o suficiente e, por isso, não mantêm o espetáculo por muito tempo. Devido a essa falta de concentração e de um completo domínio da fantasia, podem faltar partes inteiras do conjunto, ou um membro, ou qualquer outra parte importante. Com freqüência, isso lhes dá uma aparência ridícula. Quando o fracasso é prodigiosamente exagerado, até as fadas se divertem ruidosamente e o próprio fracasso termina em euforia – pois tudo é motivo de alegria. Se, de repente, por falta de concentração, uma delas sai de seu papel e é descoberta em sua aparência real, basta isso para que seja suspenso todo o espetáculo. Mas quando o espetáculo se desenrola satisfatoriamente, elas entram no espírito da representação e tudo se processa de um modo alegre. É como o sonho de um espetáculo de *vaudeville*, sem qualquer plano dramático continuado. Tudo é faz-de-conta, simulação e vale-tudo.

Certa vez, na Austrália, vi um divertido incidente desse gênero. Havia quatro ou cinco fadas representando. Elas estavam contando histórias umas às outras e representando trechos dos contos. Uma fada fantasiara-se de rei, segundo a idéia que dele fazia, originada da impressão indireta tirada de algum conto num livro infantil através do pensamento de uma criança. E a fada procurava mostrar-se muito importante e conspícua, exagerando nos gestos. Exatamente quando ela procurava com cuidado mostrar sua realeza e seriedade, esqueceu a coroa e as vestes reais, e tudo foi por água abaixo, de tal modo que todas as outras fadas se desmancharam de rir. Essa tentativa fez com que outras fadas se lembrassem de terem visto uma procissão maçônica para o lançamento de uma pedra fundamental e tentaram, então, reproduzi-la, pavoneando-se naqueles fragmentos reais de que podiam lembrar-se e interpretando uma palhaçada que absolutamente não apreciavam. Por acaso, eu conhecia algumas das pessoas que haviam participado daquele evento maçônico e as caricaturas das fadas eram fiéis e de conotação muito eficiente.

Outra fonte de divertimento para as fadas está em contar numa roda de amigas uma história por ela interpretada. A idéia é tornar o relato o mais improvável e maluco possível. Uma espécie de "debate sobre o imaginário" se inicia, com resultados perfeitamente hilariantes, de mistura com súbitos momentos de profunda gravidade. Penso que essa espécie de vida que, em última análise, é toda divertimento, não terá a aprovação de uma humanidade séria e orientada para o trabalho. Mas devemos recordar que as fadas, como as crianças, têm uma superabundância de vitalidade. Elas não são bitoladas pela opinião pública, como nós. Na realidade, sua opinião pública é toda a favor disso!

4

A VIDA MÁGICA

Uma das principais diferenças que existem entre o pensamento humano e o das fadas, ou de qualquer membro do reino angélico, é a de que nós vivemos num mundo de *formas*, enquanto elas vivem num mundo de *vida*. Nossos pensamentos se preocupam sobretudo com a forma que as coisas têm, e raramente vamos além disso. Mas as fadas se interessam principalmente pela energia da vida que flui ao redor e dentro da forma – a vida que está em toda parte. Por exemplo: se vemos uma árvore, somos suscetíveis ao seu tamanho, ao seu formato, à sua cor, às suas folhas e frutos. Estas coisas se combinam para criar aos nossos olhos a sua beleza. Mas, se pensarmos bem, esse é um modo um tanto limitado de ver o mundo. Por outro lado, a fada primeiro observa o espírito da árvore e responde à sua energia vital. Para uma fada, a árvore é uma personalidade viva, que respira e que se expressa na forma que a vemos. Há então um intercâmbio de sentimento, uma resposta mútua, entre a fada e a árvore. E assim a fada vive uma vida muito menos limitada, muito mais interessante do que a nossa. Nós, humanos, ficamos tão impedidos pela limitação de nossos sentidos que muitas vezes envelhecemos depressa demais só pelo aborrecimento que a horrível monotonia de nosso mundo estático nos proporciona. Temos sentimentos pelos animais que amamos, como nossos cães e gatos, e alguns poucos seres humanos excepcionais podem sentir algo como uma amizade pessoal por árvores ou flores. Mas o relacionamento entre as fadas e as criaturas que vivem à sua volta é tão diferente que quase chega a ser uma nova ordem de existência. Como este ponto é importante, eu gostaria de explicá-lo com maiores detalhes.

O que compõe o nosso mundo são sobretudo objetos inanimados ou coisas que parecem mortas. Não ignoramos apenas a verdadeira vida dos animais, das plantas e das pedras, mas estamos cercados e temos nossa vida cheia de *coisas* – só de *coisas* – como cadeiras, mesas, alimentos, máquinas de escrever, carros e aparelhos de televisão. Nosso mundo é feito de *objetos*. Mas uma fada nunca experimenta uma sensação desse tipo. Ela vive num mundo em que cada fio de grama e cada folha de árvore está palpitante de vida. Nesse mundo, quase tudo se exprime em forma de ritmo. A grama tem uma espécie de pulsar vital; cada árvore é uma criatura amiga; e as flores, os pássaros, os insetos e os peixes são, para uma fada, como seus filhos. Além do mais, ela vive num mundo de amizade, com milhares de criaturas que não têm vida física. Tudo, desde as borboletas até as folhas que flutuam ao vento, está cheio de uma vida desenfreada e feliz, que ela sente e com a qual se identifica simplesmente por estar viva. Seu mundo pulsa com vida, movimento, sentimento; são estas as suas principais características.

Basta um olhar atento ao mundo em que vive a fada para salientar essa qualidade única. Não é um mundo de superfícies – de peles e cascas, com limites e identidades separadas – mas um estado no qual tudo se funde no todo, de maneira extraordinária: nada é estático, tudo é dinâmico. Comecemos pela própria fada. Quando a olhamos, vemos que não tem pele. É, mais ou menos, uma forma enevoada. Se alguém quiser tocá-la, não haveria lugar algum do qual pudesse dizer, "esta é sua parte exterior" porque, apesar de ela ficar mais densa à medida que nos aproximamos de sua parte mais central, trata-se de uma densidade gradual; não há limites de pele para demarcá-la. Do mesmo modo, as árvores e a grama e tudo mais em seu mundo são para ela como um pilar de luz ou um trecho de cor brilhante, que se derrete e se mistura, desaparecendo nos arredores. É como viver num mundo fluido, no qual as criaturas têm formatos suficientemente definidos para serem percebidos, mas que são sempre transparentes, mutáveis e misturados.

Por viver num mundo que lateja de vida, a fada vê as coisas de uma maneira toda sua. E muito mais simples do que a nossa. As fadas são realistas, muito mais do que nós. Elas não têm emoções complexas e complicadas, ou idéias como nós temos, porque não têm senso de posse, de temor ou de inveja. Portanto, não têm ilusões. Ao contrário, têm a capacidade de ver claramente e com exatidão. É verdade que se divertem fantasiando-se e brincando de faz-de-conta, mas têm perfeita consciência do que estão fazendo. Isso para elas é apenas divertimento e não um meio de fuga de uma realidade opressiva. Esse realismo lhes dá uma espantosa exatidão. Nada têm a esconder e nada do que se esconder. Se uma floresta tem de ser queimada, elas não procuram enganar-se: aceitam o fato. Aceitam as coisas desagradáveis (que são comparativamente poucas) juntamente com o número muito maior de experiências agradáveis.

Além do mais, há outro notável contraste entre as fadas e os humanos. Nós vivemos acordados, num denso mundo físico, do qual nossa imaginação e nossas emoções tomam parte, mas é uma parte construída e restrita. As fadas, entretanto, não são cerceadas pela matéria densa. A forma de matéria mais grosseira de seus corpos é mais fina e tênue do que nossos gases mais finos. Na verdade, parece que são feitas mais de emoção, de modo que, ao sentir algo, isso permeia todo o seu corpo – a emoção flui por todo ele. Na realidade, elas nada mais fazem do que ter sentimentos e o sentido de estarem vivas. Com a exceção de alguns tipos mais avançados, as fadas não têm muita força mental.

Não quero dizer que tenham pouca inteligência, mas não precisam lutar pela vida nem sequer para serem extraordinariamente felizes. Não precisam preocupar-se com as coisas que formam a dificuldade da vida física, tais como a pobreza, a fome, a sede, o abrigo. Não têm necessidade de dinheiro, nem alguém que delas dependa.

Como conseqüência, toda a sua vida objetiva é muita diferente da nossa. É verdade que estão para os anjos na mesma relação que os animais estão para a humanidade, e também é verdade que os animais têm necessidades simples e não são motivados como nós. Mas eles vivem cercados pelo que chamamos de inimigos naturais, ao passo que as fadas vivem rodeadas por amigos naturais. De modo que vivem, alegres e felizes, interessando-se por ocupações agradáveis, e seu objetivo é gozar cada vez mais, dia a dia, essa plenitude de vida.

No entanto, elas têm a percepção de que fazem parte de um grande esquema cooperativo. E por isso têm um sentimento de segurança. Um anjo está presente sempre para guiá-las e estimulá-las num desenvolvimento mais elevado. Têm um sentimento de respeito e reverência (mas, absolutamente, nenhum temor) com relação ao anjo responsável pela sua vida e por seu trabalho. Certa vez, perguntei a uma de minhas fadas amigas quem era o seu superior e responsável por aquele distrito, e foi divertido ouvir sua resposta. Ela atirou os pés para o ar, a fim de exprimir sua satisfação por alguém tão superior e para quem nutria um sentimento de tanta amizade. Mas também, para me dar a impressão de seu grande respeito, fez várias reverências profundas, tocando a cabeça com os dedos do pé e se dobrando em dois, procurando fazer-me compreender que se tratava de alguém muito importante.

Esse episódio demonstra a leveza e felicidade que dominam os sentimentos das fadas, mesmo da espécie reverencial. Os humanos têm um sistema de moralidade que encarna uma atitude muito séria com relação à vida – um código moral baseado em regras que acarreta o temor de penalidades. É claro que as fadas não têm a mais vaga concepção do que tudo isso possa significar. Elas são a mais verdadeira ilustração daquelas belas palavras de Jesus: "Vede os lírios do campo; eles não fiam nem tecem. Entretanto, Salomão em toda sua glória nunca usou vestes mais belas."[1] Nossos padrões de certo e errado não se aplicam em absoluto a essa gente pequena. Não existe senso de bem ou de mal em seu mundo; só um grande amor pela beleza e pela perfeição. É isso o que cada uma delas procura fazer: uma beleza ideal em toda a sua glória e perfeição, pela qual se esforçam em tudo o que empreendem. Mas esse esforço pela beleza não é uma luta para elas, mas um estímulo constante, uma imensa alegria. Penso que, em parte, é esse desejo íntimo e constante de beleza que confere a todas essas criaturas esse sentido de radiante alegria. Elas não devem ser consideradas *perfeitas*. Podem ter uma raiva momentânea e a inveja não lhes é desconhecida, mas evapora-se rapidamente. Em nós, uma emoção

1. Mateus, cap. 6, v. 28.

negativa pode apodrecer como uma descarga envenenada; mas entre as fadas não fica nenhum resíduo ou sedimento de emoção para enlamear suas vidas.

Nelas, o que há de mais parecido com o medo é seu sentimento em relação à humanidade. É verdade que existem coisas feias em seu reino, o que desperta aversão nas fadas. Por exemplo, os "bebês d'água" costumam colocar-se fora do alcance dos seres semelhantes a gorilas do mar, e estes, afinal de contas, habitam o mesmo mundo e elemento. Mas, ao passo que podem não gostar de alguma coisa, elas não temem, pois compreendem. Há muita coisa, entretanto, a respeito dos seres humanos, que fica além de sua compreensão. Nossas motivações são para elas extremamente estranhas e elas nunca sabem como vamos reagir a alguma coisa; portanto, olham para nós com um sentimento de medo, porque lhes parecemos tão insensatamente cruéis com relação à natureza que elas amam. Por exemplo, a matança de lindos pássaros e de criaturas selvagens e o sofrimento que tais criaturas experimentam antes de morrer é algo que horroriza as fadas. Na natureza, a morte acontece rapidamente e representa uma necessidade para o equilíbrio da própria natureza; não há muito sofrimento nesse processo. Mas, matar apenas por prazer, e o conseqüente terror que os animais sentem nesse processo, caracteriza bem o horror que a humanidade causa às fadas. As armas de fogo são algo que elas não podem compreender e os estampidos brutais deixam-nas chocadas e aterrorizadas.

Ocasionalmente, tenho visto fadas com um forte apego pessoal, mútuo, sobretudo entre indivíduos da mesma espécie, tais como as fadas da água ou da terra. O par anda junto, trabalha junto e as duas são inseparáveis. Essa afeição é agradável de se ver, pois elas passam um braço à volta da outra e demonstram grande afeto recíproco. Discutem seu trabalho e mostram intenso e mútuo interesse pelos detalhes; passam um tempo encantador brincando juntas. Diferentes dos animais, que se reproduzem, as fadas são produzidas pelos anjos. Portanto, entre as fadas, sobretudo entre as da mais baixa linha de desenvolvimento, nada existe que se pareça com sexo, mas há um sentimento de simpatia complementar. Isto é, o tipo de fada mais positivo tem um sentimento especial por indivíduo mais passivo. Por exemplo, pode haver um sentimento de simpatia entre um carvalho e um vidoeiro que lhe está próximo; esse sentimento é muito diferente da maneira pela qual o carvalho se mostra sensível às árvores de sua espécie. Mas essas árvores têm uma existência mais plácida do que a das voláteis fadas. Entre estas últimas, a inveja não é desconhecida; conheci duas fadas, muito amigas entre si, que tinham inveja de uma terceira, que exigia excessiva atenção. Lembro-me de um caso em que duas fadas verdes tiveram sua amizade interrompida pela intrusão de uma fada azul. Uma das fadas verdes me procurou e se queixou a respeito disso. Ela queria ter a afeição exclusiva de sua amiga e exalava pensamentos verdes de inveja, que eram bastante engraçados. Em dado momento, andava com arrogância, indignada, e no minuto seguinte via alguma coisa agradável que a enchia de júbilo; então, esquecia sua tristeza, e saltava no ar para exprimir sua alegria. Uma fada não consegue manter essa emoção durante muito tempo. Eventualmente, a intrometida azul interessou-se por outra de sua espécie e a paz foi restabelecida. Também tenho visto exemplos de ciúmes com relação a seres humanos expresso de diferentes maneiras. Como exemplo, na Austrália, eu tinha um amigo de quem gostava muito e ao qual chamava de Querido Camaradinha (mencionei-o no Capítulo 2). Como eu gostava muito dele, só falava com ele, exclusivamente. Muitas vezes, as fadas à sua volta ficavam com ciúmes, porque eu só falava com ele e parecia nem reparar nelas. Em certa ocasião, uma pequenina fada verde ergueu-se até quinze pés de altura, parecendo furiosa comigo. Estava com raiva porque eu não lhe dava atenção e nem ao que estava fazendo, e ela se sentia superior às outras fadas de sua espécie, de modo que esperava uma palavra de elogio de minha parte. Na verdade, ela tinha um certo convencimento. Muitas vezes, no jardim, admirei uma flor especial esquecendo as outras, e as fadas responsáveis pelo resto do trabalho no jardim se sentiram menosprezadas. Mas essa espécie de sentimento nunca perdura por muito tempo. Sob esse aspecto, elas são parecidas com animais ou com crianças pequenas, não guardando ressentimentos.

As fadas, às vezes, ficam realmente pensativas. Por exemplo: algo pode estar errado nas plantas de que cuidam, o que as intriga; então param para pensar naquilo. Aconteceu um caso interessante com um cafeeiro transplantado de seu solo nativo, na Costa Rica, para o jardim de um amigo meu na Califórnia. Naturalmente, as fadas da Costa Rica não viajaram com a árvore, de modo que, quando ela apareceu no jardim, as fadas do lugar ficaram um tanto perplexas, sem saber exatamente como ajudar aquela árvore da maneira mais adequada. Então, fizeram uma espécie de consulta médica. Apesar disso, durante muito tempo, o arbusto não progrediu, o que realmente preocupou as fadas encarregadas do caso. Entretanto, conseguiram alguns conselhos e, como conseqüência, a arvorezinha começou nova fase, progredindo bastante.

Como já disse, as fadas funcionam sobretudo num nível emocional. O foco de sua atenção dirige-se para as coisas que ficam a seu cargo (e isso pode ser em grande parte instintivo), mas elas têm sentimentos claros a respeito de toda espécie de coisas. Têm vidas que estão imbuídas de sentimento, mais do que de pensamento. Todo o seu mundo, e na realidade a própria substância de que são feitas, é vital e emocional, mais do que físico e lógico. Portanto, é natural que sejam tão competentes no *sentir* como nós somos para moldar e controlar coisas físicas. No total, como já disse, tais sentimentos são positivos e benéficos, mas às vezes um indivíduo fica rebelde e cheio de idéias violentas, ou se recusa a trabalhar, ou mesmo torna-se briguento com seus vizinhos. Não sei de nenhum caso sobre rebelião de um grupo inteiro. O indivíduo que provoca perturbações é evitado por seus semelhantes; fica em ostracismo.

Um amigo meu observou um caso grave, no qual uma fada brigava continuamente com uma vizinha. Afinal o anjo sob cuja responsabilidade estava arranjou com outro anjo uma transferência e o rebelde foi enviado para muitas léguas de distância. Ele ficou abatido durante algum tempo, mas se recuperou e voltou ao seu estado de alegria. Tais casos graves devem ser raros, pois nunca vi nenhum. É claro que as fadas não estão presas a determinado lugar ou a um jardim e, de vez em quando, alguma delas pode ter vontade de ir para outro local. Tudo é fácil, natural e, até certo ponto, ocasional. O ser humano que mantém um lindo jardim, ama e tem cuidado com suas árvores e plantas, e talvez tenha algum sentimento por suas vidas interiores, atrai muito mais a gente pequena do que qualquer outra pessoa que seja indiferente sob esse aspecto.

Todas as fadas amam os seres pequeninos, sejam crianças, coelhos, gatos, peixes ou árvores. A juventude tem para elas uma atração especial, em parte, penso, por existir um elo de simpatia, porque ambos são alegres e felizes. As crianças, e na verdade todos os seres pequeninos, têm grande simpatia pelas fadas. As fadas amam as criancinhas, observam-nas com profundo encantamento, e até procuram copiar suas brincadeiras. O mesmo se aplica aos veadinhos e coelhinhos. As fadas os vigiam, e acho que muitas criaturinhas são capazes de vê-las, pois estão, afinal de contas, mais próximas da natureza do que nós e, assim, sua sensibilidade não está entorpecida. Durante a primavera, as fadas conhecem todos os veadinhos, coelhinhos e esquilinhos, e procuram protegê-los tanto quanto possam, pondo idéias em suas cabeças e fortalecendo seus instintos. É uma visão adorável, quando uma fada se diverte com as cabriolas dos carneirinhos, por exemplo, e assim também saltam para encorajá-los. Há então um íntimo sentimento de familiaridade e amizade. Um dos relacionamentos mais íntimos é o que existe entre fadas e pássaros, sobretudo os muito jovens. Elas dão cambalhotas a fim de chamar a atenção para um verme e, se por acaso se trata de um verme ou lagarta que seja nocivo para a vida do jardim, tanto melhor para as fadas e tanto pior para o sr. Verme.

O ponto de vista das diferentes classes de fadas – da água, da terra e assim por diante – difere um pouco, pois seus interesses variam. Por exemplo: a atenção, que não é incomum, que as fadas da terra dispensam à humanidade, falta quase totalmente em outras classes. As fadas da terra conhecem nossas maneiras inexplicáveis (para elas) e têm uma espécie de atitude tímida e incerta com relação a nós, mas as outras são indiferentes ou curiosas, ou até hostis. As fadas da terra, além disso, se movimentam em grandes áreas com muito menos freqüência do que as do ar ou da água. Na verdade, os seres da terra têm mais autoconfiança e individualismo. A diferença entre as fadas da água e da terra é semelhante à que existe entre os animais da água e os da terra. As fadas da água tendem a andar em grandes grupos; as da terra, em grupos menores, e dentre as fadas da terra há muitas personalidades marcantes. A fada da terra tem mais imaginação e, portanto, deseja mais ser como os seres humanos, copiar nossas ações, porque nos acham muito estranhos e divertidos; elas também compreendem que os seres humanos lhes são superiores em poder intelectual. Por isso, as fadas da terra são mais ou menos como nós em suas reações, têm o mesmo tipo de reação para com as coisas à sua volta, assim como com os humanos.

O sentimento dominante das fadas que habitam a superfície do mar é o ritmo, que representa parte tão grande na vida de todas as fadas, e que é para elas encarnado no ritmo físico das ondas. É claro que cada grande grupo tem consciência do elemento em que vive. Poderíamos dizer que um grupo tem um sentimento aquático, outro um sentimento fogoso, e assim por diante. Mas cada divisão tem também algo no mundo físico que lhe confere um certo caráter. No caso das fadas da água, as ondas lhes dão um gostoso sentimento de realização. Elas estão em constante movimento, como a própria superfície do mar e, assim como o mar é uma grande massa na qual não há muita diferenciação de material, as fadas do mar são um bando homogêneo. As fadas dos lagos têm experiência muito semelhante e aquelas que são associadas com riachos têm o fluir da água como base de atividade.

No caso dos seres do ar, são marcados pela altitude, pela vasta distância e por um senso de quase completa liberdade quanto aos elos físicos. É talvez por essa razão que são tão altamente evoluídos. Não são limitados nem material nem espacialmente, mas, ao mesmo tempo, são menos definidos em sua forma e em sua aparência.

As salamandras são igualmente independentes da influência humana, mas, afinal de contas, estão ligadas a um fenômeno físico. Há qualquer coisa de pureza, de limpeza no sentimento das fadas do fogo. Devido a seu elemento particular ser uma espécie de portal entre dois reinos, parece que ficam na fronteira, participando de ambos. É difícil descrever seu ponto de vista, que é único. Elas vêm a vida como um constante fluir de formas, para dentro e para fora e, assim, constituem o âmago da alquimia da natureza.

As fadas, como um todo, têm apenas uma vaga concepção, se é que a possuem, sobre Deus (isso caso cheguem a pensar no assunto) que encarna para elas a base do universo organizado no qual sentem e vivem. As fadas, é claro, não sofrem a espécie de sofrimento a que estamos sujeitos, pois a luta pela existência, que constitui a maior parte do nosso padecimento nesta vida humana, não tem contrapartida na vida delas. Sofrem, sim, de certo modo, quando as coisas não dão certo em seu mundo, mas naturalmente não é o mesmo sofrimento no sentido que nós conhecemos. Acho que não sofrem dor maior, apesar de saberem que a dor existe porque a vêem nos animais e em outras criaturas. Algumas vezes, elas desejam tornar-se humanas; são conhecidos casos assim, e é desta forma que elas tomam conhecimento de nossas preocupações e dificuldades. Elas nos admiram de muitas maneiras e, se formos bondosos e apreciarmos sua existência, elas de boa vontade se tornarão amigas.

Como já disse antes, as fadas pouco sabem sobre Deus, mas têm um conceito vago e belo sobre seres elevados no plano evolucionário, tais como o anjo de cada uma, o qual é para elas o mais sábio e mais sereno ser do mundo.

5

AS FADAS DA TERRA

As fadas da terra são, em geral, um grupo tão grande e complicado que acho extremamente difícil fazer justiça ao assunto num único capítulo. Entretanto, se as várias espécies principais são mencionadas e forem descritos alguns espécimes com certo detalhe, espero que o leitor obtenha pelo menos uma impressão geral.

Primeiro, devo explicar que existem quatro tipos principais diferentes de fadas relacionadas com a terra. Antes de mais nada, há criaturas da superfície e do subsolo. Cada um desses tipos divide-se, por sua vez, em duas classes. Na superfície, há fadas com corpos físicos, de que os espíritos das árvores são o mais belo exemplo; e fadas sem corpo físico, da qual a fada comum dos jardins ou dos bosques é a melhor ilustração. Sob a superfície (e, é claro, até certo ponto também sobre ela) há seres com corpo físico: os que pertencem aos grandes rochedos, correspondentes aos espíritos das árvores mas muito menos inteligentes. E, associados com rochedos, há fadas sem corpo físico, em geral chamados gnomos. Essas quatro vastas categorias são bem-definidas: árvores, fadas dos bosques de toda qualidade, rochedos e gnomos. Mas, dentro e sobre a crosta terrestre há uma tal riqueza de subtipos e indivíduos que um grupo desaparece dentro de outro quase imperceptivelmente, com muitos tipos intermediários que compartilham igualmente do caráter da superfície e da subsuperfície. Vou estender-me com algum detalhe a respeito dos espíritos dos rochedos, e também identificar algumas das criaturas que vivem sobretudo sob a terra e poderiam ser chamados gnomos; nos dois capítulos subseqüentes sobre jardins e florestas descreverei os espíritos das árvores e as fadas a elas associadas, bem como os espíritos dos bosques na superfície da terra.

Mas devo repetir que existe uma variedade tão grande entre as fadas da terra que qualquer tentativa para catalogá-las está destinada ao fracasso. Por exemplo: vivendo às vezes na terra e com freqüência em sua superfície, dependendo de suas atividades em diferentes épocas, há seres pequenos, de cor castanha e dourada, que se parecem com o gnomo convencional, mas são mais atarracados. Têm rostos envelhecidos e olhos pequenos como contas pretas. Não são gnomos ao pé da letra, mas têm algo que se assemelha a uma cobertura de pele sedosa, macia como a das focas, em todo o corpo, e o queixo comprido dá o efeito de uma barba em ponta. O material de lã que cobre a cabeça também se levanta até certo ponto, de modo que a cabeça parece um duplo triângulo. Sobre seus movimentos, posso dizer apenas que são angulares, isto é, não têm a graça fácil da maioria das fadas. Eles são vistos na zona rural, onde a terra é coberta com qualquer coisa mais do que a grama curta. Vivem principalmente em grupos e são semelhantes a coelhos, pois gostam das vibrações da terra. São, em parte, as entidades que animam o arvoredo em crescimento, e em parte agem como as outras fadas com relação a tudo quanto se desenvolve, assistindo à vida com a energia vital, que transformam e dirigem especialmente a partir de baixo, das raízes. Também se interessam pelos insetos, tais como as formigas, as abelhas e as minhocas. Levam uma vida comunitária e se associam intimamente uns com os outros, debatendo seu trabalho e as notícias do mundo mágico exterior, além de seu pequeno território. Divertem-se muito e gostam de se "fantasiar", exibindo-se uns ante os outros, com prazer cômico, rindo tanto dos outros como de si mesmos, apertando os joelhos e pulando com alegria. São muito habilidosos e fazem muitas coisas, às vezes com o divertido ar de um homem de negócios. Não costumam sair de seu grupo e não se misturam com o resto das fadas. Têm uma espécie de departamento só deles, porque nutrem grande interesse pela atividade das formigas e de outras pequenas criaturas, ajudando-as o mais que podem. Pertencem a uma ordem mágica muito antiga e talvez tenham a aparência de velhice por essa razão. Isso também contribui para o seu isolamento e para a manutenção do espírito do clã. Observam com uma espécie de curiosidade tímida os seres humanos e notam seus hábitos sem compreendê-los, mas não têm sentimento especial algum nem simpatia pela humanidade.

Há muitas criaturas de um castanho mais escuro, quase negro, que vivem nas profundezas da terra e têm mais ou menos dois pés ou mais de tamanho. Parecem-se com lagartixas, indescritivelmente estranhos para se olhar. São de pouca inteligência e vivem juntos como animais, mais ou menos sem pensamento. Têm uma aparência misteriosa, mas possuem um senso de poder e compartilham com as fadas uma infindável atividade. É praticamente impossível comunicar-se com eles, pois aparentam estar mais absorvidos em suas atividades do que nos seres humanos.

Num capítulo ulterior mencionarei duas espécies que se relacionam com o Grand Canyon: uma, cor de púrpura e cor de fogo, com cerca de dois ou três pés de altura, e a segunda com uma cor castanha listrada de vermelho, com a altura de um pé. Nunca vi maiores noutro lugar qualquer. Elas transmitem uma sensação de grande alegria e de exaltação, mas também são incomumente inteligentes e possuem um poder maior de concentração do que a maioria das fadas. São objetivas e extraordinariamente determinadas. Seu formato também é singular, pois se parecem muito com o formato de um peixe, que é chato, e quase bidimensional quando observadas de frente, mas bem proporcionadas quando vistas de lado. Muitas fadas são finas nas duas dimensões, mas esses seres até parecem magros quando vistos de frente, pois seus olhos são pequenos e juntos, e seus ombros e sua anatomia geral são esbeltos. Mas, quando vistos de lado, são de proporções normais, apesar de seus rostos, de um vermelho acastanhado, serem longos e finos. Seu trabalho também é peculiar. Elas são centros dentro dos rios magnéticos do Canyon e redistribuem a força vital que é lançada sobre elas.

As fadas castanhas e vermelhas do Canyon são mais propriamente gnomos, tanto na aparência como no estilo de vida. Eles lidam com qualquer tipo de vida único daquele lugar. Eu mesma não tenho certeza sobre qual é o seu trabalho. Está relacionado com alguma espécie de desenvolvimento; mas que tipo de desenvolvimento pode prosseguir dentro da terra, não sei. Se as pedras sob pressão mudam sua característica, eu ficaria inclinada a dizer que os gnomos se associam a esse processo, de alguma forma. Seja como for, as modificações de que participam tornam-se mais lentas. Eles mesmos se movem com grande deliberação. São velhos e lentos, e suas tarefas requerem grande paciência. No reino das fadas, todos esses seres parecidos com gnomos se relacionam com as pedras e as profundezas terrestres e transmitem essa sensação de pertencerem a uma ordem de coisas muito antiga. Outra qualidade comum aos gnomos é que se movimentam em grupos ou bandos. Outra, ainda, é que gostam do calor e, quando por acaso encontram chuva e frio acima da terra, desaparecem logo nas profundezas da crosta terrestre.

Uma espécie de fada da terra, quase universal, é minúscula, tem cerca de um pé ou dezoito polegadas de altura, é de cor castanha dourada ou verde-escura. Tais fadas poderiam lembrar um rato aos humanos devido às suas orelhas compridas e a um certo modo de saltitar por todo lado. Uma variante dessa qualidade parece um ursinho, em geral, castanho-claro acima e castanho-escuro abaixo da cintura. São seres bem-humorados, alegres mesmo, de baixa inteligência. Andam sobre duas pernas, mas se deslocam de modo semelhante ao dos camundongos, com movimentos rápidos e aos arrancos. Também são sociáveis e vivem em comunidades, sempre absortos em tarefas que julgam imensamente importantes. Eles habitam a terra em áreas florestais, cuidam do musgo e vivem entre as raízes de árvores ou em gramas altas. Essa variedade parece tratar das forças vitais de agregados de coisas vivas. São atraentes, divertidos, um tanto difíceis para se conversar, porque não objetivam seus pensamentos com muita clareza e têm lenta percepção de nossos pensamentos. Arremessam-se com impaciência quando têm de lidar com seres humanos. Na verdade, pode-se dizer que nestas fadas encontramos uma figura popularmente marcada, pois são muito semelhantes ao *leprachaun* irlandês.[1]

Nenhum dos seres até aqui descritos é propriamente gnomo, mas sua descrição dá uma idéia da imensa complexidade e riqueza da

1. *Leprachaun* é um duende da Irlanda que, segundo a crença popular, executa tarefas domésticas e outras, à noite. (N. da T.)

vida das fadas da terra. Nem sequer comecei a descrever tudo o que ocorre dentro da crosta terrestre. É um lugar fascinante e complicado e há, sem dúvida, um número muito maior de criaturas invisíveis do que o que mencionei. Para nós, muitas são estranhas e até desagradáveis, mas não acredito ser digno de interesse falar sobre elas, pois pouco têm a ver com a vida humana e nós não entraríamos em contato com elas, normalmente. À medida que a consciência mergulha através das diferentes camadas, a terra é vista realmente como a Mãe Terra – o lugar de nascimento e a fonte da existência para incontáveis milhões de entidades.

Os verdadeiros gnomos vivem perto ou sob rochedos. Eles têm toda a aparência dos gnomos dos contos convencionais de fadas; são baixos, reforçados e de cor cinza-castanha. Os membros são de uma cor e o corpo de outra, o que transmite a impressão de que usam uma jaqueta de couro. Em geral, o corpo é mais escuro do que as pernas e os braços. Os pés são grandes, pontudos e não muito bem formados, o que faz com que pareçam estar calçados com sapatos pontudos. Os braços, em proporção com o corpo, são longos e parecem fortes, com mãos que têm protuberâncias e não são bem-definidas. É no rosto e na cabeça que as feições comuns aos gnomos se definem. O espaço entre o nariz, os olhos e a boca é mais largo do que nos seres humanos, e isto dá à cabeça deles a semelhança de uma pá achatada. O queixo, além do mais, é longo e agudo, sugerindo o efeito de uma barba, e a cabeça parece estar coberta com um boné convencional. Recentemente, estive estudando um grupinho dessas criaturas num ajuntamento de pedras gigantescas. Devo dizer que têm aspecto feroz e nenhuma particular afeição pelos seres humanos. Emergem de sob os rochedos para observar os intrusos e ver como são. Comumente, são encontrados no campo, onde há muitos rochedos gigantescos e pouca coisa mais. Sentem-se intimamente identificados com seus arredores e paisagem. Se você deseja saber o que acontece com tais seres quando se escava uma pedreira ou nas saliências ao longo das estradas, onde a pedra foi dinamitada, eles simplesmente desaparecem, se mudam. Não poderia ser diferente, com máquinas e guindastes se movimentando, escavando, acelerando, e depois com automóveis passando ininterruptamente. É assim que o ser humano os desaloja.

É comum ver reunidos pequenos grupos de quatro ou cinco, pois eles não são individualistas como as fadas dos jardins. Têm preferências e idiossincrasias definidas, mas sua inteligência não é muito aguda, e suas emoções são de ordem um tanto primária. A última vez que os observei, era esquisito ver como esses seres eram atraídos por mim, pois sabiam que eu podia vê-los e comunicar-me com eles quando quisesse. Entretanto, ao mesmo tempo se alheavam, pois não queriam ser perturbados por interesses estranhos. A maioria das fadas gosta de novidades, mas estes seres têm aversão por qualquer tipo de mudança. É interessante observá-los, pois são muito diferentes do comum das fadas, e é divertido tentar conquistar sua confiança. Lentamente, eles se acostumam com uma pessoa e se preparam para comunicar algumas idéias. Mas até estas idéias são difíceis de interpretar, e se referem à obscura vida ao redor dos gnomos. Uma das coisas mais interessantes sobre eles é que consideram as pedras suas amigas e seres dotados de vida.

Podemos dizer que os gnomos têm razão: afinal, as pedras têm sua forma de vida. São capazes, pelos menos, de uma fraca resposta, por estranho que pareça. As grandes rochas são muito antigas e adquiriram lentamente, através dos séculos, certa personalidade, determinada por sua constituição básica e por sua experiência. Quando me refiro a respostas, quero dizer que uma velha rocha é capaz de sentir, fracamente, simpatia ou antipatia por uma pessoa caso tenha a possibilidade de vê-la um certo número de vezes. Seria melhor dizer que um rochedo sente mais do que vê. Se alguém se aproxima do rochedo e se senta nele, vai provocar simpatia ou antipatia. Isso não acontece necessariamente com todos; só com pessoas que tenham um sentimento de simpatia pela pedra ou que já tenham experimentado alguma comunicação com a natureza.

Na Austrália, tive várias experiências com rochas. Sempre tive um sentimento especialmente afetuoso para com as pedras, qualquer coisa como sentiria por um gato ou um cachorro. Em Sidney eu tinha um rochedo especial que costumava visitar com freqüência; sentava-me nele durante uma hora e de lá contemplava o porto em toda a sua extensão. Essa pedra costumava saber quando eu chegava e me sentava nela, e exalava (se é que se pode usar tal palavra) um sentimento de satisfação que era vago e, no entanto, igual ao que meu cão manifestava quando me encontrava depois de passar algumas semanas sem me ver. Era agradável sentir sua resposta, pois combinava e se misturava com a sensação do mar e das árvores ao redor. Isso me conferia um grande senso de harmonia. Quando me levantava para ir embora, a pedra ficava triste, não compreendendo por que aquilo acontecia. Era patético, pois a pedra procurava de maneira tão intensa sentir e, no entanto, era tão vaga. Era como ver uma pessoa surda e muda esforçando-se para ser compreendida.

Nos próximos parágrafos transmitirei ao leitor a experiência de alguém que sabe muito mais sobre tudo do que eu. Alguns desses personagens de pedra que mencionei conheci pessoalmente. O escritor usa o termo "etérico" para a qualidade de matéria de que as fadas são feitas, e "astral" com referência à matéria ainda mais sutil. A descrição refere-se a pedras observadas num grande parque na Austrália. A primeira rocha ficava à beira de um rio, aninhada entre as raízes de uma grande árvore.

> Foi feita uma pesquisa sobre a constituição desse ser simples, e se descobriu que existe um arranjo orgânico no corpo etérico, pelo menos naquele espécime e, talvez, em outros, o que é o início de um organismo psicológico. A rocha possui seu corpo físico cristalino, seu etérico duplo e o começo da emoção. A estrutura granítica é bem compreendida por qualquer estudioso de mineralogia. O duplo etérico constitui uma contrapartida em "éter", que normalmente ocupa a mesma posição no espaço que a rocha, mas é ligeiramente extensível para além dessa área; o corpo astral é um pouco mais extenso no espaço. O duplo etérico contém – o que antes não foi notado – um núcleo tal como, digamos, uma simples célula ou outra forma simples de vida vegetal ou animal possuem fisicamente. Esse núcleo etérico tem um valor particular como registro de experiências e torna possível a pessoas sensíveis assistir ao crescimento e desenvolvimento da rocha... Descobriu-se que, se alguém colocasse a mão sobre a rocha, seria possível derramar energia sobre ela. Essa energia era por ela utilizada, e a rocha manifestaria agrado pelo contato. Isso se aplica a porções da superfície da anatomia da rocha, mas descobriu-se que, se tal fluxo de energia fosse dirigido para o núcleo, a força assim transmitida se espalharia inteiramente por todo o ser, o que é muito parecido

com algo derramado no corpo humano, enquanto o coração faz circular rapidamente o sangue através de todo o organismo.

O curioso aspecto de uma personalidade separada parece não ser incomum entre rochedos. Uma pesquisa muito superficial já revelou três casos mais, além dos acima descritos, e sem dúvida muitos mais podem ser encontrados. Eles revelam inesperadas diferenças na inteligência estranha, mineral e rudimentar que os anima, dando-nos a impressão de que uma rica mina de conhecimento aguarda o paciente explorador desses campos até agora inexplorados.

A rocha acima mencionada demonstrou ser amigável até onde pôde ir o seu limitado poder de expressão; revelou sinais de afeição e gratidão, e ficou evidentemente preparada para corresponder, até o limite de sua capacidade. Nalgum futuro bem distante, ela se desenvolverá até se tornar uma criatura sociável, cheia de vida, dedicada, fiel até a morte em suas amizades, talvez até exagerada em sua apaixonada admiração, quase dependendo demais do objeto de sua adoração.

Nosso segundo espécime, um rochedo que jazia ao lado de uma velha estrada, agora pouco freqüentada, foi um assinalado contraste com a primeira rocha. Em vez de corresponder à simpatia humana, decididamente a repeliu; sua atitude demonstrou uma inconfundível sugestão de quem diz: "Cuide da sua vida e me deixe em paz." Conseqüentemente, era menos evoluído do que a primeira rocha, mas existia o começo e uma reserva de força, que prognosticava um futuro de determinação férrea – sem se levar em consideração os possíveis componentes férreos de sua forma física – que, no entanto, provavelmente, seriam prejudicadas pelo egoísmo e pela falta de escrúpulos. Pode parecer fantasia predizer tais qualidades nas rochas; no entanto, as sementes estavam tão claramente presentes que não era impossível imaginar a promessa de flor e de fruto muito mais tarde. Nós reparamos que uma considerável porção dessa rocha havia sido cortada a fim de se fazer a estrada; é interessante especular sobre esse fato para saber se teria alguma conexão com sua atitude misantrópica.

Um terceiro caso que chamou nossa atenção foi um enorme rochedo à beira de uma elevada saliência – em forma de capuz – projetando-se como um teto acima de uma pequena e curiosa caverna, na qual só se podia entrar por meio de uma escalada bastante desagradável. Dentro da caverna havia uma parte mais baixa de teto com um grande orifício oblongo; e, ao que parece, essa formação incomum havia sido utilizada de maneira muito esquisita. Um selvagem fugitivo, procurando escapar à perseguição de outros selvagens armados de lanças, avistou esse estranho orifício, que podia ser um esconderijo, quando passou por ele correndo, subiu para a caverna como um macaco e, dessa maneira, evitou por uma fração de segundo o grupo assassino de caçadores, os quais pensaram que ele havia caído no precipício. Essa dramática fuga foi evidentemente o único grande fato na história do rochedo que, sem ela, seria monótona; por isso, o fato se havia impresso nele com tal força e clareza que, ao ser feita uma tentativa para penetrar em sua consciência, ele imediatamente reproduziu a cena, exatamente como um homem que passou por alguma experiência terrível não pode refrear a mesma narrativa a propósito de tudo e de nada. Durante algum tempo, parecia impossível arrancar qualquer coisa dele; mas, afinal, descobriu-se que havia nele também uma vaga consciência de paisagem estendida à sua frente. É impossível dizer que ele a *via*, no entanto ela se imprimira nele, e o rochedo tinha a percepção das modificações que nela se faziam.

O quarto rochedo teve a história mais singular de todas. Era outra projeção em forma de capuz, mas a caverna que lhe ficava embaixo havia sido, em tempos muitos antigos, usada para sacrifícios humanos e ainda pairava sobre ela uma horrível atmosfera. Psicometricamente, é fácil descobrir qualquer das cenas horrorosas testemunhadas pelo rochedo, mas, o que é bem estranho, nenhuma delas estava tão clara em sua consciência como a cena da fuga, na rocha número três. Quase se poderia dizer que tal rochedo não era bom observador! Por outro lado, todas as suas partículas estavam impregnadas de um horror sobrenatural que arrepiava, tão além de qualquer descrição, por ser tão vago e, no entanto, tão profundo, totalmente gravado nele, de tal maneira que parte dele parecia um fator necessário de sua existência. Entretanto, há um toque de um divertimento tão horrível também – um pecado estranho, incompreensível, arcaico, para o qual a linguagem moderna não tem nome. Nenhuma clara consciência de tudo isso – nada além de um sonho passivo, obscuro e intoleravelmente mau. Ficamos imaginando qual será o futuro para o qual se desenvolverá esse trágico e sobrenatural sentimento.

As histórias seguintes transmitirão ao leitor muita coisa sobre as rochas, e têm o mérito de serem escritas do ponto de vista especial da profunda e, podemos dizer, única experiência do autor.

– *The Personality of Rocks*

C.W. Leadbeater e Fritz Kunz

Como é fascinante a velha terra quando compreendemos a quantidade de vida que nela existe, insuspeitada pela maioria dos humanos! Para muitos leitores destes capítulos, tudo parecerá incrível e estranho. Talvez uma das razões pelas quais muitos ficam velhos e entorpecidos, e realmente perdem contato com o mundo das coisas vivas, é porque não podem ver a vida à sua volta e se recusam a crer em tudo quanto não podem tocar com os próprios dedos ou ver com os próprios olhos. A visão, assim, torna-se limitada, porque a experiência direta é levada a ficar pequena; portanto, envelhecemos prematuramente e a vida se torna monótona. Mas quando procuramos, só procuramos, acreditar e até experimentar uma dessas coisas, que podem, a princípio, parecer estranhas e até loucas, recuperamos o contato com a perdida glória da natureza, a mãe de toda a vida, e reconquistamos assim a juventude, que é vida. Em minha vida, esse mundo oculto que venho descrevendo – sobretudo minhas amigas, as árvores, cuja história ainda será contada, e as pequenas fadas dos jardins e dos bosques – tem um significado maior do que posso descrever. Se o leitor puder acompanhar os capítulos seguintes, não com desdém mas esforçando-se para compreender, e se ao menos procurar entrar em contato com a vida que eu vejo e que estou procurando registrar (mesmo contra a sua "razão mais clara"), acho que ele poderá alcançar uma nova felicidade e uma nova compreensão dos problemas da vida.

A terra sobre a qual vivemos é povoada por esses adoráveis, encantadores e alegres seres que descrevo. Nosso jardim, as florestas, as montanhas – tudo à nossa volta – é povoado por eles, e por isso vivemos num mundo onde tudo vibra com a sensação da vida. E se nós pudermos entender isso de maneira total, teremos o verdadeiro segredo da eterna juventude.

6

AS FADAS DOS JARDINS

Entre os seres que vivem na superfície da terra, uma das seções mais importantes está associada com os bosques e jardins, e inclui os espíritos das árvores.

Há vários tipos de fadas do jardim. A menor delas tem as proporções de uma vela, e é bastante feminina em sua aparência. Tem a altura de um pé, com uma cabeça de cerca de duas polegadas de comprimento e um rosto humano, que corresponde à chama, mas o colorido está no corpo, verde-maçã ou amarelo, e no rosto bronzeado. Possui mãos e braços proporcionados e apenas amostras de pernas e pés. Estas fadas, em particular, parecem tratar de plantas que são aproveitadas como cercas-vivas, tais como a lobélia, o abyssum e grupos de pequenas plantas. Estes seres não se correspondem muito com criaturas ou acontecimentos que fiquem longe de seu mundo imediato; são um tanto primitivos em suas reações, apesar de serem capazes tanto de afeição como de ciúmes por suas plantas ou um pelo outro. São ávidos de novas sensações, mas é desse modo que aprendem. São vistos grupos de três ou quatro vagando por qualquer jardim atraente e bem plantado.

Além desse grupo, entre as tulipas e flores similares, há um tipo que tem cerca de um pé de altura, com semelhança muito mais humana do que as fadas-"velas", mas também são como sombras humanas, tendo o perfil sem a substância-forma de luz cor de púrpura suave. Algumas fadas pertencentes a este tipo têm delicados rostos compridos, mais parecidos com o dos faunos. Nunca é possível tomá-las por criaturas humanas, não só devido à sua diminuta estatura, mas porque são uma caricatura tão singular e porque têm uma consistência muito tênue. Seus membros são tipicamente humanos, mas surgem freqüentes imperfeições nas mãos e nos pés. Têm grande variedade de dedos nos pés e nas mãos, e algumas mãos mais se assemelham às patas dos gatos. À volta delas há uma espécie de matéria diáfana, que parece fosforescente, em lindas gradações de rosa e púrpura-claro.

No jardim que venho descrevendo, havia alguns lindos canteiros de amores-perfeitos. À volta deles flutuavam alguns seres lindos e delicados que lembravam borboletas e que têm vida curta. São minúsculos, com a altura de poucas polegadas e rostos parecidos com o próprio amor-perfeito. O corpo se assemelha muito ao de uma borboleta ou libélula – em forma de torpedo, e é muito mais estreito do que o rosto. O corpo e a cabeça juntos têm quatro ou cinco polegadas de comprimento, e o rosto talvez chegue a uma polegada. Projetando-se a partir do pescoço e, virtualmente, ao longo de toda a extensão do corpo, apresentam duas estruturas finas, parecidas com asas, as quais, no entanto, não exercem a função de asas, sendo apenas decorativas, pelo que pude avaliar. O rosto e o corpo são cor de carne mas mesclados com gradações de malva, violeta e púrpura; as asas são igualmente coloridas, mas variegadas e brilhantes. Enquanto eu observava, vi quatro fadas em apenas poucos minutos, movimentando-se ao redor dos amores-perfeitos nas jardineiras das janelas. Afinal de contas, no mundo invisível, assim como no visível, existe uma comunidade de vida, e as fadas estão, provavelmente, onde quer que haja um canteiro de flores, assim como um grupo de borboletas estaria.

Chegamos agora à fada comum dos jardim, sob muitos aspectos o tipo verdadeiro, central, do seu mundo. Na verdade, ela corresponde ao que a maioria das pessoas entende por mundo mágico. É aquele tipo que foi descrito em detalhe como típico no terceiro capítulo. Este jardim em particular tem alguns espécimes um tanto grandes, com a altura de dezoito polegadas e dois pés, e em muito aspectos bastante parecidos com os humanos. Têm um nariz, dois olhos, uma boca e até orelhas, e cabelos que lembram muito a lã, em geral castanho-escuro, como a casca de uma árvore. O rosto, como o de todas as fadas, não tem as mesmas proporções do rosto humano, porque o nariz e os olhos são mais afastados. Isso lhes confere um olhar de curiosidade permanente. Na verdade, essas fadas são excessivamente cheias de curiosidade. A ausência de cílios e sobrancelhas também parece, à primeira vista, um tanto estranha. Os rostos são de um bronzeado dourado, e o corpo, quando em repouso e não "fantasiado", é verde-esmeralda, o que faz lembrar os besouros verde-claros, vistos às vezes na primavera. Têm mãos e pés como os nossos, apesar de estes serem quase triangulares. O efeito total é encantador. Essas fadas estavam brincando entre os lilazes do jardim enquanto eu as observava. Como têm a inteligência mais elevada entre todas as suas semelhantes do jardim, mantêm uma espécie de supervisão sobre as fadas de menor importância.

O pequeno lago do jardim tinha uma espécie particular de criatura que, na falta de melhor termo, denominarei de fada "da fonte". O lago é alimentado por várias nascentes e nos lugares específicos em que essa água flui da terra há criaturas estranhas, compridas, parecidas com uma água-viva; sua parte mais definida é uma cabeça azulada, mas seu contorno é muito volátil e se dilui num corpo azulado com muito pouco pescoço interligando cabeça e tronco. O corpo desaparece em tendões fantasmagóricos e continua até o chão por uma distância considerável. Parece que essas criaturas extraem sua vida do interior da terra, apesar de serem, ao mesmo tempo, relacionadas com a água. É evidente que a água da nascente tem certa qualidade de frescura vital, que é a fonte de sua vida. Estas estranhas fadas "da fonte" em geral flutuam no local em que a água emerge da terra, com as cabeças logo fora da água, balouçando-se lentamente, para baixo e para cima.

Numa pequena estufa envidraçada encontrei algumas poucas fadas da variedade borboleta, uma polegada ou duas mais compridas do que outras de seu tipo e também mais humanas, mas no resto muito semelhantes às demais. Evidentemente, após certo período de experiência em estufas, o tipo borboleta se especializa nesse contato especial com o trabalho do homem. São seres delicados e mimosos.

Há outras qualidades de seres que são parte integral da vida do jardim: as árvores. No centro do jardim, por exemplo, há uma nogueira, bela, grande, que se eleva livre e solitária. A agregação da vitalidade de todas as células vivas da árvore se combinam para formar a vida de uma entidade que poderíamos chamar de espírito da árvore. Então, existe um ser que vive, por assim dizer, com a árvore como o seu corpo, ou que se funde nele. É uma parte integral da própria árvore e não pode movimentar-se ao redor, a qualquer distância da árvore, tal como outras fadas que giram à volta de seus arbustos. Na verdade, não há árvore que não tenha o seu espírito. Esse espírito nem sempre é visível, pois só aparece quando deseja. Entretanto, a consciência da árvore pode projetar-se externamente em determinadas ocasiões e tomar forma. Essa forma, geralmente, também tem semelhança humana, mas parece muito mais a sombra alongada de um ser humano, muito longa e fina. Alguns dos espíritos das árvores têm forte personalidade mas, é claro, a maioria não é muito diferenciada. Aquela velha nogueira era encantadora e simpática, e seu espírito, sempre que tomava forma, assemelhava-se à aparência de um índio americano alto, com pele castanho-bronzeado, nariz pontudo, cabelo indefinido e dois pontinhos negros como olhos. Não era exatamente bonito, mas tinha grande encanto, e era extraordinariamente alegre e amigável. De certa maneira, transmitia a sensação de se estar com um velho alegre e sensato, uma personalidade excêntrica.

O alvorecer é o momento de maior atividade no jardim; como sempre, nessa hora do dia, uma bênção especial é lançada sobre o mundo – há então, realmente, o despertar da energia, e as fadas se mantêm ativas, recebendo toda energia possível e disseminando-a. As atividades de seu dia também se iniciam. Pela madrugada, elas deixam a brincadeira para trabalhar de novo. As fadas pensam que o Sol é um tremendo globo de luz, que é a fonte de toda a vida, pois recebem sua manutenção sobretudo dos raios do Sol. Parece que chupam os raios do Sol para seu corpo: é algo que mais se parece com "comer". Além de derivar sua energia para manutenção de seus próprios corpos, ajudam a conduzir a energia solar para o crescimento das plantas.

As fadas têm um adorável relacionamento com as árvores, que consideram como companheiras que não são muito mais evoluídas do que elas mesmas, mas têm o mérito particular de serem sólidas e substanciais. Elas amam as árvores e as acham respeitáveis, dignas e belas, mas ao mesmo tempo se sentem um tanto superiores a elas porque as árvores não podem se mover.

As fadas têm grande e amigável interesse por todos os animais e naquele jardim há patos selvagens, gansos e cisnes brancos; muitas vezes elas descem até o pequeno lago, ou observam a água de cima da ladeira para acompanhar os movimentos dos patos; é um divertimento para elas. Existe um relacionamento íntimo com essas aves e muitas vezes as fadas se movimentam livremente entre elas, considerando-as como nós consideramos os cães; a diferença é que as fadas tratam as aves com certa igualdade. Procuram sempre ajudar essas aves, tanto quanto podem, e as aves correspondem, pois, como grande número de animais, elas realmente vêem as fadas.

O cão da casa, um grande *airedale*, deitava-se no jardim de vez em quando, dormitando e deixando transparecer vagas e agradáveis sensações, sobretudo associadas com lembranças de ossos e com a escavação no jardim. Seus principais sentimentos de vaga felicidade eram indicados por uma cor rosa-pálido, com ocasionais gradações de entusiasmo, indicadas pelo vermelho e o verde do ciúme quando ele tinha tal sentimento em relação ao gato da casa; eventualmente, havia lampejos de azul indicando sua amizade pelos donos. Suas maneiras particulares excitam uma certa qualidade de interesse no rosto dos faunos. Em geral, estes não dão muita atenção aos cães, mas tenho certeza que o cachorro vê as fadas, ao menos algumas quando não todas. Eles as aceitam como são. Às vezes, elas se isolam deles, quando ficam turbulentos ou realizam atividades peculiares. Mas acho que as fadas devem parecer aos cães criaturas muito vagas e longínquas. Elas sentem considerável empatia ou piedade por um animal num estado de alegria ou infelicidade – sobretudo quando têm alegria por estar vivos, o que é eminentemente característico das fadas. Elas também sentem particular interesse quando aparecem patinhos, depois que os patos fazem ninho. Tais ocasiões prendem seu interesse mais do que a vida diária desses animais. Noutras palavras, elas respondem a tudo quanto se refere aos processos de criação da natureza, nos quais sempre tomam parte ativa. Por essa razão, a vida das fadas do jardim é muito diferente na primavera do que é nas outras estações do ano.

As fadas vêem os seres humanos com interesse. Por exemplo: elas sempre observam os donos daquele jardim quando eles vão alimentar os patos, considerando os donos como seres superiores. De muitas maneiras, no entanto, elas simplesmente toleram as pessoas, porque as acham diferentes de si mesmas. Mas, seja como for, elas se interessam e procuram observar as pessoas e compreendê-las. Naquela casa, a família aceita a existência das fadas e, assim, de modo geral, elas têm sentimentos recíprocos de muita amizade, mas é claro que só muito raramente as pessoas sabem de sua existência. Lá, elas ficavam sempre olhando o que fazíamos, escondidas em seus vários arbustos, e depois voltavam às suas ocupações habituais, aceitando-nos como éramos. Gostavam muito da criança que brincava no jardim. Uma criança fica sempre mais próxima delas do que outros seres humanos, pois é uma criatura espontânea e natural. Elas apreciam essas qualidades e, portanto, vêem a criança com afeição.

A madrugada, como já disse, é a hora em que as fadas começam seu trabalho. Elas iniciam o dia reunindo-se durante um momento, amigavelmente, comentando o trabalho – só por alguns instantes – para depois lançar sua alegria sobre o mundo. São tão felizes, e tudo lhes parece adoravelmente bonito. Adoram a sensação que o orvalho, nas folhas, extrai das plantas, e se deliciam com a resposta da grama e das flores à vinda da madrugada. Cada uma das fadas flutua junto das plantas de que cada uma deve cuidar, e procura descobrir se há qualquer coisa nociva e de que maneira pode ajudar as plantas sob sua responsabilidade, algo como um médico preocupado com seus clientes. Isso, entretanto, não é feito de maneira solene; as fadas saltitam sobre todas as flores quando tudo vai bem ou, se estão mais do que satisfeitas com as flores, fazem isso para exprimir sua satisfação. Elas demonstram seus sentimentos de modo concreto, e muitas vezes ficam junto de uma flor durante bastante tempo, agradando-a e dando-lhe afeição, exatamente como se fosse um filho, dando-lhe muita atenção. É um encanto vê-las assim atarefadas. É claro que não fazem isso o dia inteiro, porque gostam de ter vários intervalos em seu trabalho, quando se sentem inclinadas ao descanso, saem e se juntam, só para expressar sua alegria de viver. Ou então sobem à velha nogueira e lhe contam como o mundo é bom. Estão sempre movimentando-se e saltitando. Ao meio-dia, em geral descansam um pouco e vagueiam; mas é realmente à noite que têm seu descanso. Antes de descansar, reúnem-se, sempre cheias de alegria. Às vezes descansam junto de uma de suas flores prediletas – descansam sem dormir.

Penso que tudo isso descreve a vida das fadas de um jardim típico. É claro, nos grandes jardins das regiões tropicais, e nos lugares especiais, como postos de horticultura experimentais, as variações são grandes. Mas já narrei o bastante, espero, para demonstrar ao leitor que um jardim visto por dentro é um lugar de encanto delicado, mágico, que vai muito além da beleza da planta e da vida dos pássaros que nos é conhecida. Na verdade, os flutuantes grupos das fadas-velas, a graça esvoaçante, as cores tremeluzentes do tipo borboleta, a alegre atividade e a euforia das fadas comuns de jardim, e a irradiação benigna e transbordante de felicidade do espírito da nogueira e de outras árvores, fazem do jardim uma espécie de reino das maravilhas. Podemos dizer, na verdade, que a vida das fadas é a culminância e a perfeição do jardim, tornando-o lugar de paz e sossego. As fadas têm prazer em trabalhar lado a lado com os homens, em cooperar para que seja um lugar de mútua satisfação e, se ao menos houvesse mais seres humanos conscientes de que o reino das fadas tem desejo de ajudar, os jardins seriam, mais do que são atualmente, como que fragmentos do céu aqui na terra.

7

OS ESPÍRITOS DAS ÁRVORES

Deixando os jardins domésticos, que conhecemos, repletos de pequenas plantas, e voltando-nos para a floresta, devemos acentuar de novo que as árvores são muito diferentes do que costumamos pensar. São seres vivos, exatamente como nós. A diferença é que possuem um grau menor de consciência, e não reagem a sensações tão depressa nem tão agudamente como nós. Como já mencionei, dentro da árvore há um espírito que extrai dela suas forças vitais. Não existe árvore, por pequena que seja, que não tenha o seu espírito; o espírito da árvore cresce com ela e desaparece com sua morte. Essa personalidade pode emergir da árvore, até uma pequena distância quando o deseja, assumindo uma forma mais ou menos humana. Quando está dentro da árvore, a forma é muita mais vaga e praticamente invisível, pois realmente se define apenas quando se projeta para fora. Em sua maioria, os espíritos das árvores se assemelham, na medida em que têm uma forma alta, acastanhada, parecida com a do primeiro desenho que uma criança faz da figura humana, quadrada, um tanto espessa – que sugere uma criança índia, com olhos pequenos, nariz quadrado e cabelo arrepiado. Esta é, naturalmente, uma descrição geral de fadas das árvores. As diferentes espécies de árvores, tais como os carvalhos, os pinheiros, os vidoeiros, e assim por diante, apresentam feições ligeiramente diferentes, típicas da espécie, e parece que algumas árvores têm muito mais personalidade do que outras, assim como os seres humanos. Certas árvores são espécimes únicos, ao passo que outras nada têm que as distinga em particular.

Enquanto estão dentro do corpo da árvore, os espíritos realizam mais trabalho, no sentido de que cuidam dela e controlam suas energias. É algo análogo à manutenção de um corpo humano: a árvore extrai seus nutrientes químicos da terra, da água e do ar, e quando isso é suficiente, o processo vai bem e o espírito da árvore fica contente. Sua satisfação, por sua vez, reage aos processos químicos dentro da árvore, e torna-os mais eficientes. É coisa muito parecida com um homem que almoça em paz e depois digere com uma sensação de bem-estar que, por sua vez, ajuda a digestão, assim como a preocupação a perturba – mas é claro que as árvores nunca se preocupam. Quando, por intervalos, o espírito sai da árvore, em geral o faz por várias razões. Pode sair, por exemplo, para ver um ser humano do qual gosta, para se aproximar mais dele a fim de expressar sua afeição. Muitas vezes, quando me sentei sob uma árvore, o espírito apareceu para expressar sua amizade, apesar de fazê-lo, naturalmente, em termos bastante vagos; às vezes, o espírito pode até seguir a pessoa durante algum tempo. À noite, parece que esses seres têm mais tempo livre e oportunidade para a vida social. Todos saem de suas cascas e, se a pessoa objeto de sua afeição estiver em algum lugar próximo da árvore, é bem possível que os espíritos da árvore saiam à sua procura. Acredito que a razão pela qual muitas pessoas sentem medo à noite numa floresta é porque todos esses seres as cercam com suas presenças invisíveis. Muita gente sente milhares de olhos observando-a, o que, na verdade, é bem correto! Não creio que algum espírito de árvore possa prejudicar alguém numa floresta, mas suas vibrações e sensações são tão diferentes das nossas que, muitas vezes, nos provocam arrepios pela espinha.

É possível, naturalmente, que uma árvore goste ou não de uma pessoa, e um caso destes aconteceu quando eu era menina. Apesar de não poder testemunhar todos os detalhes desta história, por não ter presenciado o incidente, na realidade, observei o espírito da árvore a que a história se refere. Havia uma árvore anciã num jardim de Java, mas seus ramos estavam prejudicando a casa, de modo que alguns javaneses foram delegados para podá-la. Todas as vezes que alguém subia na árvore ou no telhado com essa finalidade, algo lhe acontecia – ou quebrava a perna numa queda ou seu braço ficava deslocado.

Devido a todos esses incidentes, nada acontecia à árvore, pois os homens se recusavam a fazer o trabalho. Eles atribuíam os incidentes à influência maligna do velho espírito da nogueira Kashmir. Posso testemunhar o fato de que, quando criança, não gostava de brincar embaixo daquela árvore, apesar de ficar fascinada, ao mesmo tempo, por seu espírito, que me parecia forte e poderoso. Ela não gostava nem um pouco dos seres humanos, pois se lembrava do tempo em que era cercado por outras árvores e não por casas e, na verdade, culpava os seres humanos por seu isolamento e solidão. Ao projetar-se perante pessoas parecia um macaco magro, de rosto cinzento e enormes dimensões, talvez uns quinze pés de altura. Quando ficava dentro da árvore, era muito mais alto, pois parece que a operação de adensar o corpo fora da árvore faz com que a matéria de seu sutis veículos diminua de volume.

No todo, entretanto, os espíritos das árvores sentem muita afeição pelas pessoas. Na realidade, são muito diferentes das fadas do jardim a este respeito. Têm a mesma espécie de sentimento de lealdade de um cão, mas apresentam uma atitude mais digna, e não exageram em suas demonstrações, como fazem os cães. Esta leal afeição, provavelmente, é devida à sua condição de enraizamento. Por acaso, um exemplo dessa reação amistosa foi testemunhada por outras pessoas além de mim, sendo experimentada, inclusive, por dezenas de outras que não compreendiam o seu significado.

Numa escola da Califórnia, onde fomos convidados para a formatura de uma classe, as crianças apresentaram um espetáculo sobre fadas. Uma menina, que havia sido muito feliz na escola, representou o papel de um lindo carvalho. Num certo momento, ela surgia por trás da árvore, como se viesse de dentro dela, e deveria dirigir-se à árvore como se a habitasse, em termos afetivos. Quando chegou às palavras "Querida velha árvore" ela as pronunciou com verdadeiro sentimento, especialmente intenso porque a menina ia deixar a escola. Pelo fato de o espetáculo ser sobre fadas e representado por crianças, e já que o auditório era simpatizante e afinava com a situação, quando ela pronunciou essas palavras, houve um apelo ao *verdadeiro* espírito da árvore. Ele correspondeu, num movimento que o projetou com tão forte afeição que todo o auditório ficou comovido, e muitas pessoas ficaram com lágrimas nos olhos apesar de não saberem por quê. A menina que havia evocado o espírito também ficou profundamente comovida. Esse caso foi um exemplo do sentimento natural das árvores pela humanidade, quando as pessoas têm a mentalidade certa com relação a elas. Nele, o espírito da árvore assumiu o aspecto de um ser alto e benigno, irradiando boa vontade. Como foi diferente do espírito da nogueira Kashmir!

As diferenças entre as várias espécies de espíritos de árvores não são tão marcantes como poderíamos dizer a respeito de cães. Já descrevi noutro lugar o espírito de uma nogueira, de modo que talvez seja interessante dar descrições de um carvalho, de um pinheiro, de um vidoeiro. Numa pequena floresta observei um belo carvalho – árvore bondosa, cujo espírito tem a altura de uns quinze pés, com um contorno humano mais ocidental ou europeu do que os anteriormente descritos. Seu rosto é mais oval e regular, é mais bonito e mais "humano". Seu colorido é bronzeado escuro e seu cabelo é preto, mas seus olhos são verdes e têm manchas verdes pelo corpo. Ele flutua ao redor de sua árvore com certa dignidade calma, e tem interesse pelas cercanias e pelas fadas à sua volta, as quais são um tanto diferentes daquelas vistas no jardim.

Os vidoeiros, por outro lado, são mais femininos no aspecto e na maneira. São mais esbeltos, como as figuras alongadas de Burne-Jones. Seu colorido tem uma graduação mais escura do que a da casca, sendo de um cinza-acastanhado; seu cabelo é castanho e os olhos, cinzentos-enevoados. São de temperamento doce e amável, e seus movimentos são rápidos e flutuantes, lembrando o movimento das folhas de um vidoeiro. Nunca vi nenhum espírito de árvore que não seja de cor castanha, mas as variações são muitas, desde o vermelho-dourado das sequóias até o cinza-castanho do vidoeiro. Evidentemente, esse é o tipo básico de cor, mas existe também uma relação entre a cor da casca e a cor do espírito em qualquer árvore, individualmente – e sua cor deriva, com certeza, da fibra e da casca.

O espírito do pinheiro é uma figura escura, com feições um tanto quadradas e muito verde-escuro por todo o corpo. Dá a impressão de ser honesto e franco e transmite um radiante sentimento de harmonia. Não é tão alto – este espécime, em particular, talvez tenha dez pés de altura, mas tem um aspecto vigoroso e forte, cabelo negro (áspero, como sempre) e olhos negros. Ele se retira da árvore com grande deliberação e observa à sua volta de maneira penetrante. Não é de qualidade tão vigorosa quanto o do carvalho, do qual se pode dizer que dá uma verdadeira impressão de virilidade.

Ao que parece, as formas esbeltas que caracterizam todos esses espíritos têm alguma relação com o tronco da árvore e suas correntes vitais. Pois o espírito de uma árvore nova é uma coisa minúscula, e sua forma se alarga à medida em que a própria árvore cresce. (Os espíritos de jovens árvores têm pouca inteligência, e saem de suas cascas quando as mais velhas deixam bem claro que é o que devem fazer.) Em geral, a forma do espírito de uma árvore é meio redonda quando está dentro da árvore, conforme o contorno dela. Quando sai, achata-se bastante, exatamente como um corpo humano é mais estreito de lado do que de frente.

Também observei um jovem bordo que cresce aqui perto, na orla de um bosque. Ele se parece com um "índio americano" muito mais do que outros. Seu aspecto geral é decorativo, mais como um desenho de um jovem índio. Ao passo que a nogueira dá a impressão de um calmo e velho guerreiro índio, esse bordo tem a qualidade saltitante da juventude. Sua cor é castanho-amarelada, com variantes de vermelho-vivo e amarelo, evidentemente correlata com suas cores de folhas outonais. Em vez de cabelo, tem uma espécie de diadema de folhas de outono que faz com que pareça muito alegre, e é evidente que ele está muito orgulhoso desse efeito elegante!

A casa em que estou escrevendo tem ao redor algumas árvores, sobretudo bordos. O bosque começa aqui perto, e é fácil comparar a vida das árvores dispersas encontradas dentro ou perto de uma cidade com estas condições, onde as árvores próximas da casa são praticamente parte do bosque. A nogueira isolada, separada de suas semelhantes, possui menos a vida das de sua espécie, na verdade quase nenhuma. Portanto, tem de achar interesse nos seres humanos e nos animais, resultando daí que sua mente se desenvolve mais do que suas emoções. Aqui, os bosques dão às árvores um sentido de união com seus semelhantes e, portanto, se interessam mais pelo que acontece entre elas do que pelos seres humanos, apesar de terem sentimentos afetuosos pelas pessoas. Mas entre a casa e a orla do bosque certo número de bordos tem sido sacrificado para lenha, e o resto das árvores se ressente disso e não tem sentimentos tão amigáveis para com os seres humanos. As árvores não gostam de serem cortadas, assim como as fadas não gostam que suas plantas sejam destruídas, pois é claro que a vida do espírito da árvore está intimamente relacionada com a vida da árvore.

Nestes bosques, que ficam bem próximos da civilização, mas são bem mais selvagens do que um parque da cidade, existe um sentimento de expectativa. A vida de uma árvore não tem segurança e os seres humanos realmente interferem. Esta floresta, especialmente, transmite um sentimento juvenil. As árvores vivem juntas e amigavelmente, mas têm interesse definido pelos seres humanos ao redor, e consideram tais seres como estranhos, diferentes delas. Os seres humanos têm uma tendência muito forte para julgar as árvores somente em termos de sua utilidade: elas servem para lenha, sombra ou, então, como objetos decorativos, mas raramente como seres bonitos ou como qualquer coisa viva. As árvores sentem isto, o que desperta nelas um espírito comunitário bem fechado, pois compreendem que são de uma espécie e nós de outra.

Eu gostaria de deixar claro que as árvores reagem a tudo lentamente, e precisam de muito tempo para assimilar novas experiências. Sua compreensão é limitada, naturalmente; por isso, quando se fala delas a respeito do que pensam ou sentem, o que isto realmente significa é que elas reagem de maneira um tanto sonolenta, em comparação com a dos seres humanos. E é claro que existem diferenças individuais entre árvores. Seja como for, quando uma floresta foi destruída impiedosamente, as árvores que sobraram tiveram sentimentos fortes de caráter confuso – insulto, injustiça e um sentimento de solidão, ainda que haja, na natureza, um grande sentido de calma filosófica, e da inevitabilidade dos fatos. Nossa idéia de um bosque está ligada a um lugar bem aberto, mas o ideal, segundo as árvores e fadas, é o de um lugar onde existiam antes árvores e grande quantidade de plantas rasteiras e de vida selvagem. As árvores e as fadas têm um forte vínculo, e algumas fadas freqüentam os lugares em que as plantas rasteiras, as flores e a grama crescem juntas. Mas se tudo é muito arranjadinho, elas não ficam atraídas. Nossos ideais e os dos bosques vivos poderiam reconciliar-se se pudéssemos intercalar nosso espaço aberto de terra com grandes áreas de vegetação agreste. Muitas pessoas podem pensar que este ponto de vista é sentimental (é o que dizem) porque é necessário abater árvores a fim de obter espaço para a nossa vida. Há, naturalmente, alguma verdade nisso, mas, seja como for, em nossa civilização ocidental somos impiedosos e temos forte tendência para o desperdício, e as necessidades da terra e da floresta não agradam às pessoas que pensam comercialmente. Andei por toda a região noroeste dos Estados Unidos – atualmente a maior área madeireira do mundo – e vi milhas e milhas de terra absolutamente improdutiva, tendo apenas tocos de raízes. Isso nos dá um sentimento de pesadelo, ao vermos os tocos estorricados sem qualquer sinal de vida, sem nenhum tipo de fada, onde outrora sua vida era fértil e realizada, e saber que os magníficos cedros, abetos e pinheiros foram destruídos e até deixados para apodrecer.

Na Rodovia do Pacífico, perto de Vancouver, há um trecho onde se conserva uma floresta primitiva. Quando o vi pela primeira vez, era a mais bela floresta de grandes árvores que tinha visto em minha vida, cheia de fadas e com uma impressão de imensa felicidade. Mas quando passei de novo por lá, experimentei um sentimento de profundo horror, porque metade das magníficas árvores havia sido cortada e, onde outrora havia beleza, só reinavam a fealdade e a infertilidade. O sentimento das poucas árvores que restavam era de terror, mostrando desespero frente à expectativa de serem cortadas, pois devemos nos lembrar que as árvores não podem fugir. Contaram-me que aquela companhia madeireira havia recebido a oferta de muito dinheiro, do governo e de indivíduos particulares, para que ela não destruísse aquela floresta. Era um dos trechos raros de floresta primitiva deixada naquela parte do mundo. Pensem na perda das milhares de pessoas na Rodovia do Pacífico que não terão a oportunidade de atravessar o centro de tão magnífica floresta!

O bosque, aqui próximo, em New Hampshire, é característico do crescimento de verão em todos os Estados Unidos, com exceção do longínquo Oeste e do extremo Sul. Os espíritos de árvores que descrevi são felizes em sua existência e cheios de um sentimento de alegria.

Gostam de ficar elevados no solo, sentido a luz do Sol derramada sobre si, e o vento soprando por entre as folhas. Com isso, têm a sensação de estar dançando. As árvores amam o vento e até uma tempestade, pois esta lhes oferece uma espécie de exaltação, enquanto elas se mantêm eretas e firmes, apesar de serem agitadas pela força da tempestade. Elas não gostam de ser derrubadas, mas aceitam este desafio filosoficamente, pois para elas é como uma batalha na qual uma ou várias estão fadadas a sucumbir; é um fim de vida natural. O viçoso crescimento à sua volta é vibrante de vida e povoada de fadas. Os animais correm por ali, ocupados em trabalhar ou em se divertir, e as árvores tudo observam, interessadas nos menores detalhes da vida no bosque e sentindo ternura e responsabilidade por todas as plantas e animais pois, afinal de contas, elas tornam isso possível.

Naturalmente, num bosque como este a vida mágica é, em especial, muito abundante. Aqui se encontram todas as espécies que vimos no jardim, com ligeiras diferenças, porque a vida nos bosques é diferente da vida nos jardins. Há maior variedade de fadas. Há, por exemplo, minúsculos indivíduos com cerca de um pé de altura, num colorido intenso, castanho-dourado, que têm contornos humanos tão vagos como os de um espírito de árvore. Seus rostos se assemelham mais aos de macacos do que aos humanos, e vivem na parte dos bosques em que há musgo, cuidando de pequenas samambaias e musgos. Além dessa qualidade, há uma enorme variedade de gnomos castanhos e dourados, assim como lindas fadas de um azul forte, de cerca de dezoito polegadas, que esvoaçam pelas plantas rasteiras. Há também algumas fadas da água, no riacho que fica nas imediações. Estas são minúsculas, esbeltas, e se identificam com a água translúcida e diáfana, e seu aspecto é muito humano, apesar de terem só dez ou doze polegadas. As fadas da água doce nunca ficam tão rechonchudas como as da água salgada, que habitam o mar. Os numerosos lagos e lagoas têm a mesma espécie de fadas da água, com cerca de um pé e meio até dois pés de altura. Mas nunca há tantas fadas na água doce como no mar, o que parece ser o seu lugar de origem e nascimento. Aqui e ali nas florestas, há fadas que têm quase a estatura de anjos; seu tamanho e forma assemelham-se ao do homem, e são todos coloridos de amarelo e verde. Estes ajudam a dirigir a vida nos bosques. Sobre todos eles – fadas, árvores, montes e riachos – que são parte de sua vida e responsabilidade, paira um anjo. É uma forte personalidade e o vale constitui parte de sua vida, como a casca de uma árvore é o corpo dos espíritos da árvore, com a diferença de que, neste caso, o anjo tem inteligência e emoções tão fortes como as nossas e se assemelha, como ser, ao que nós somos. Quando assume sua forma, parece um belo ser humano, um jovem de barba feita, com um fino cabelo escuro e um perfil forte, aquilino e o corpo todo de uma agradável tonalidade verde-maçã. Sua presença se difunde pela vida da floresta e do vale.

Terminarei este capítulo com a descrição de uma maravilhosa floresta de sequóias ao norte da Califórnia – não os parques familiares da parte sul e do centro da Califórnia – mas a floresta original, ao norte do Estado. Trata-se de uma floresta única, de sequóias gigantes. Essas árvores são extraordinariamente impressionantes, porque sentimos que elas são tão velhas e viram passar tantos séculos que conhecem todos os segredos da vida. Cada uma delas tem uma personalidade diferente. Certo espírito, em particular, parece um índio americano imenso, vermelho e dourado, como se fosse moldado em bronze. Sua altura, acima de trinta pés, é, por si só, impressionante. Ele tem olhos escuros e minúsculos e o cabelo negro e desgrenhado, e transmite um tremendo sentimento de poder, de calma e de serenidade de espírito, como de alguém que viu muita coisa na vida, suas mudanças e oportunidades. Essa imensa região está coberta de espíritos, e as fadas da floresta, que têm uma aparência estranha, são moldadas como os espíritos. Elas também se parecem com índios ou com estranhas caricaturas de índios, têm rostos castanhos como nozes, olhos pequenos e o mesmo corpo vermelho-dourado. Até sua altura é exagerada para fadas – três a quatro pés. Sobre todas as coisas, paira uma sensação de imensa antigüidade. Há pouca variedade de plantas rasteiras (pelo menos nesta estação do ano), de modo que a vida invisível consiste só nestas duas espécies, mas existem muitas mais. Os espíritos das árvores e as fadas, até certo ponto, chegaram juntos a uma incrível idade. Algumas das árvores nasceram há um, dois e até três mil anos, e sua vida, muito mais do que nas árvores comuns, está centrada nas copas. São desinteressadas, não só porque pertencem aos séculos passados, mas também por serem tão imensas. Elas viram incontáveis pessoas passarem à sua volta, viram inumeráveis coisas nascerem e morrerem, de sorte que tudo quanto existe é apenas passageiro e transitório. É muito difícil a comunicação com estas árvores porque seus pensamentos estão relacionados com épocas e acontecimentos remotos, e é preciso tempo para que elas se interessem por coisas novas. As fadas, no entanto, gostaram de conversar comigo; desejavam especialmente saber algo sobre automóveis, pois estavam morrendo de curiosidade para conhecer seu mecanismo e seu uso. Achavam tão divertida a idéia de as pessoas se sentarem em pequenas caixas quadradas a fim de se movimentarem, pois sua noção de movimento é o vôo. Elas sempre souberam que as pessoas humanas andam, e as consideram lentas, mas acham os carros esquisitos. As fadas e as árvores não gostam que as estradas sejam abertas em sua região, embora, nesse lugar, as árvores não sejam cortadas para abrir estradas. Ao mesmo tempo, ficaram interessadas nessa (para elas) nova civilização. Algum de nós pode ao menos imaginar o que deve ter sido a vida destas árvores? As fadas e os animais viveram juntos e se ajudaram uns aos outros, como era natural, durante centenas de anos, e as árvores que lhes deram sombra tiveram uma vida social um tanto estranha. Elas costumavam emergir de suas copas, observar o mundo e comunicavam, umas às outras, o que observavam. Contavam umas às outras a gente que viam, mas jamais podiam imaginar que aqueles velhos pioneiros fossem hostis, tal como nossa moderna civilização é para elas. Homens e árvores se compreendiam muito bem naqueles tempos remotos, e se cumprimentavam ao passar. Foi uma estranha cena, aquela que eu vi, através da memória da árvore. Elas apreciavam esse antigo intercâmbio com a humanidade e tinham dúvidas quanto ao futuro, mas haviam aprendido durante seus milhares de anos de experiência que a vida e a morte passam e, portanto, esperavam seu fim filosoficamente. Se todos pudéssemos entrar na floresta, ver e compreender aqueles seres, teríamos melhor compreensão do próprio poder espiritual da vida, o que é, afinal, a essência de toda religião. Existem seres tão estranhos, esplêndidos, nobres, desinteressados! Se ao menos eu pudesse dar uma idéia sobre o que eles falam e pensam a respeito de seu passado! Mas é imensamente difícil transmitir a qualidade da vida florestal que esses espíritos da árvore experimentam. Eles aprendem na vida celular de sua própria casca as dificuldades da sobrevivência. Eles vêem a vida ao redor e conhecem intimamente a morte, pois as árvores próximas caem e morrem, feridas por um raio. Mas, exatamente como no caso das fadas, as árvores aprendem tudo pela experiência de que a vida nunca cessa e nunca é desperdiçada. As árvores são incapazes de movimento, motivo pelo qual achamos que elas têm menos experiência vital, mas é nisso que nos enganamos. Não é precipitando-nos em atividade que se aprende, mas adotando as experiências alheias e, desta maneira, sentindo pulsar a vida dentro de nós. A humanidade procura fugir da experiência, que muitas vezes é apenas sofrimento. Quando chove, nos abrigamos; quando chega a morte, afastamos a sua visão. As árvores deixam que a vida as açoite, e procuram suportá-la. As árvores são as criaturas mais realistas que conheço e aqueles grandes gigantes são os reis de todas as árvores.

8

AS FADAS DA MONTANHA

Picos de granito que se projetam para o céu, as Montanhas Rochosas são uma visão magnífica com seus cimos cobertos de neve. Para uma recém-chegada como eu, aproximar-se das Montanhas Rochosas pelo declive oriental foi uma experiência memorável. À medida que escalávamos gradualmente milhares de pés acima do nível do mar, sentíamos estar no teto do mundo, vendo lá embaixo as copas das árvores, bem ao longe – e, no entanto, os picos cobertos de neve das Rochosas, sobranceiros, estavam bem acima de nós. A primeira sensação que tive ao deparar com a esplêndida visão foi a de ter chegado à presença de reis que reinam sobre um mundo de esplendor. Há alguns poderosos anjos nas Rochosas, e eles transmitem a sensação de força real – claros, imaculados, de visão firme. São altos e de aspecto imponente e habitam os principais picos. Formam uma companhia, por assim dizer, e são semelhantes entre si. Lá estão há milhares de anos, mas conferem um sentimento de juvenil vitalidade, de entusiasmo e a maravilhosa convicção de que a beleza triunfa em caráter supremo. São poderosos, calmos e serenamente alegres. Seu colorido geral sugere a neve profundamente impregnada de uma luz rosa que se vê com freqüência. Possuem uma beleza grega.

As feições das fadas que os cercam são de excepcional interesse, porque os anjos dos picos convivem com fadas do ar, da neve e, virtualmente, de qualquer outra variedade, com exceção das do fogo, e eu ousaria dizer que até com estas, de certo modo.

Os campos de neve são animados por incontáveis fadas minúsculas, que podem ser chamadas de "elementares" (ou elementais) mas, como a neve aqui perdura tanto, elas têm as feições de fadas.

Têm entre seis polegadas e um pé de altura e seus corpos, em vez de serem peludos, têm a contextura da neve; seus rostos são como triângulos entrelaçados, de modo que o próprio rosto (tem pontinhos como olhos e uma boca) é um hexágono, e os pontos que formam a estrela ressaltam como sugestões de orelhas. Toda a figura parece mais um casulo de neve. Elas têm certos elementos do ar em sua aparência, e também alguns da água. Sua inteligência é restrita, mas possuem um sentimento de pureza e de clareza que fica a par – em maneira reduzida – com a esplêndida limpidez dos anjos.

Ao redor dos anjos dos picos juntam-se, de vez em quando, massas de nuvens. As criaturas que habitam essas nuvens chegam e repousam, por assim dizer, sobre a montanha, e se banham na atmosfera dos anjos. Os anjos dos cimos são como faróis, cuja potência e sabedoria iluminam toda espécie de seres. Entre os visitantes estão essas fadas das nuvens que, na maior parte, pertencem claramente à ordem do ar.

Os rochedos que dão nome à cadeia de montanhas são, afinal de contas, vastas massas de formação cristalina e metálica. Associado a estes metais, existe um tipo de pequeno gnomo que ocorre numa espantosa variedade de cor amarela-clara, vermelha, quase negra, e assim por diante, e rosto geométrico. Estes gnomos transmitem uma impressão de idade muito avançada e têm olhos duros, claros, semelhantes aos dos pássaros, metálicos, estranhos e misteriosos. Não têm o menor interesse pelos seres humanos e, na verdade, nunca vêem os homens, pois vivem acomodados no coração da montanha e se sentem protegidos pelo anjo quando se dedicam ao trabalho para o qual foram designados.

Nas encostas dos cimos, abaixo dos campos de neve, são encontradas algumas fadas mais ou menos comuns; minúsculas borboletas de alegres cores e esbeltas fadas de lindos rostos, em tons pastel, flutuam ao redor das rampas. São originárias daquele local, pelo que parecem ter a mesma transparente e clara qualidade que caracteriza tudo o que vive bem alto nas montanhas. Mais para baixo, é claro, quando se chega a terras cultivadas, vêem-se fadas nativas desses lugares. Mas, evidentemente, o caráter especial dos anjos domina as criaturas do mais alto nível, e existe uma feliz harmonia entre todas.

Os picos centrais das Rochosas são centros especiais de poder espiritual. Os anjos são ali os guardiães, e mantêm uma irradiação de bênçãos sobre o mundo abaixo deles. Ao que parece, o conteúdo elevado de metal dos rochedos confere aos anjos alguns recursos especiais de natureza duradoura, um poder permanente que só podemos denominar de magnetismo espiritual. Os anjos vivem uma vida peculiar, na qual compartilham experiências e planos para o futuro. Visitam-se mutuamente e, de vez em quando, todos se reúnem. Além de seus planos maiores, têm uma espécie de programa diário que se inicia ao surgir do Sol, quando se defrontam com o Oriente; neste momento, recolhem e enviam para todos os lados da montanha o renovado poder do dia. A atividade aumenta até o meio-dia, quando há uma espécie de pausa momentânea. É então que começa a fase decrescente de sua vida de trabalho até que, com o cair do Sol, eles adquirem uma condição pacífica e abrandada, como que uma bênção. É ao cair da noite que seus deveres para com as fadas e as montanhas diminuem e têm tempo para visitas e consultas mútuas. Têm consciência do papel que representam sob a orientação do Deva Continental (anjo) em moldar a América. Nisto, são um fator importante, pois ajudam conscienciosamente as pessoas que necessitarem de auxílio.

As famosas Montanhas Azuis da Austrália são também excepcionais. A região é muito antiga, e sua vida invisível é tão única como seus animais e plantas e suas características físicas. Eu deveria dizer que, enquanto venho escrevendo este livro, a dificuldade está em escrever apenas um livro sobre fadas e não sobre anjos; no entanto, é impossível mantê-los de fora, pois suas vidas estão intimamente relacionadas. Mas vou procurar ressaltar o aspecto das fadas.

Cada cimo é habitado por um anjo. Ao pé de um certo declive vivem as fadas da região campestre. No caso das Montanhas Azuis, há pouca variação, pois toda a zona é praticamente coberta por uma variedade especial de árvore, o eucalipto, e a vida das fadas que lhe é associada é tão uniforme que seria monótona se não fosse tão interessante por si mesma. As variedades comuns ao redor da base têm rostos castanhos e corpos cheios, meio quadrados e azuis; medem de dois a três pés e são esbeltas como as fadas no mundo inteiro. Dão a impressão de vivacidade, mas também transmitem uma sensação de resistência, como se já tivessem visto muita vida – mais do que a maioria das fadas – e aprendido mais coisas. Sua inteligência não é altamente desenvolvida, sendo um tanto lentas mas bastante determinadas quando decidem realizar qualquer espécie de ação. Esses seres azuis combinam muito bem com a estranha região em que vivem. Eles dão a sensação de velhice, a ponto de se tornarem impressionantes, e a atmosfera da montanha é tão estranha e remota que nos induz a um sentimento de solidão. As montanhas são como os guardiães de uma velha fortaleza numa civilização diferente, que ali ficou enraizada e forte, por entre muitas coisas estranhas daquela época. Mas o que mais chama a atenção é que não há qualquer impressão especial de boas-vindas, mas de resistência e vigilância. Essas montanhas não são, absolutamente, humanizadas; são ainda a natureza primitiva, e podemos apreciar o fato de estarmos em contato íntimo com a força e a vida, como naqueles selvagens e primitivos tempos que Haeckel chamava de antiga Lemúria.

Um pouco acima do declive, há alguns seres cor de esmeralda, um pouco menores e com rostos mais pontiagudos; parecem muito mais alegres e animados. Sua cor verde-esmeralda forma um impressionante contraste com o monótono cinza-esverdeado das árvores, o sombrio vermelho do solo e o cinza das rochas. Seus movimentos são rápidos e se parecem com os *wallabies* ou pequenos cangurus que existem em quantidade por aqui. Estas fadas têm grande interesse pelos animais e os ajudam tanto quanto possível. Observam quem desce da montanha, com curiosidade. Aqui, como mais acima, há muitos seres semelhantes aos gnomos que descrevi anteriormente, parecidos com os do Grand Canyon do Arizona, e ficamos saturados pela força benigna dos espíritos dos eucaliptos. Um dos espíritos das árvores se esgueira para fora da casca da árvore e fica olhando para mim. Tem cerca de sete pés de altura e um rosto muito comprido e oblongo; tem um pé ou mais de comprimento e não mais do que seis polegadas de largura; sua cor, é o castanho-amarelado. O corpo também é oblongo, cinza-prateado e muito bonito. As feições faciais são mal-definidas e a impressão que transmite é a de que tem força autosuficiente. Entretanto, gosto dos espíritos dos eucaliptos, e tenho muitos bons amigos entre eles. São bondosos, com leves traços humorísticos, e têm sido muitas as vezes em que passei os braços à volta deles e os acariciei com afeição, ao que alguns sempre correspondem. Com freqüência, tenho procurado saber sua opinião sobre algumas coisas e, como são tão velhos, seu ponto de vista é integrado por uma filosofia de vida que tem perdurado durante tempos incontáveis em circunstâncias difíceis. Sua vida não tem sido fácil e eles têm ganho com essa luta.

Mais acima ainda há fadas interessantes. São do mesmo colorido vermelho como o solo e têm rostos estranhos, mas bonitos, cercados por uma névoa prateada. Depois de passar por essa linda companhia, chega-se ao próprio anjo da montanha. É uma pessoa grande e, para um anjo, tem feições um tanto sombrias, com olhos fundos de um azul-escuro, testa grande e impressionante, ossos salientes, nariz de proporção generosa e uma boca roliça, todo o rosto impregnado de força e beleza. Sua pele tem o tom bronzeado dos humanos; o corpo está envolto num azul profundo. Parei de pé junto dele, respeitosamente, mas com natural curiosidade, e ele correspondeu bondosamente, de maneira que me deu confiança. Ele tinha um sentimento integral de solidariedade para com suas fadas e para com os animais e plantas de seu domínio. E também me dava uma sensação de força primitiva. Ele considerava o mundo à sua volta com o sentimento de quem está ali há tanto tempo e de quem já viu tanta coisa que podia viver de suas memórias. Estas incluíam o estranho povo que habitava o lugar há milhares de anos, as convulsões da natureza que o haviam destruído e a longa sucessão de tribos e de estranhos seres e fadas misteriosas que tinham vivido à sua volta. Existem ainda algumas dessas fadas estranhas naquelas montanhas, mas as hordas que ele conheceu desapareceram. Estas são meio humanas e meio animais, em tonalidades esquisitas de castanho e vermelho.

Mesmo os picos que não são especialmente elevados, mas são proeminentes e isolados, têm com freqüência um anjo guardião. Observei, por exemplo, um deles no Monte Constituição, nas Ilhas San Juan, em Washington. Parece que este é o ponto de terra numa ilha que fica bem no meio do grupo, e de lá se tem uma vista magnífica sobre centenas de ilhas de todos os lados. O estreito a que estão ligadas as ilhas é cercado por vários picos elevados, alguns deles cobertos de neve no verão; mas neste grupo o Monte Constituição se eleva isoladamente. O anjo responsável ali tem poder especial, notável, proporcional ao pico. Ele é o guardião de todas as ilhas e faz daquele ponto seu centro principal; ele o saturou com sua atmosfera particular. Tem tanto poder como dignidade e possui um temperamento firme, calmo, mas sobretudo assinalado pela bondade e a sabedoria. Tem um interesse notável pelos seres humanos e, na verdade, gosta muito deles. Ao que parece, tem um certo plano que está levando a efeito. Deseja manter uma atmosfera especial em todas as linhas, e suas fadas são influenciadas por isso. É o que as torna amigáveis e serviçais para a humanidade, pois essa é a vontade dele. Também foi ele quem estabeleceu o sentimento de que não deve haver barreiras. Ele teve uma extraordinária boa sorte conferida pela humanidade: foi criado num Parque Nacional, de modo que abrange suas montanhas e uma grande área à sua volta, um santuário no qual há muitos animais, espécimes muito bonitos, árvores magníficas. Tudo isso dá às fadas a oportunidade para cumprir os planos do anjo. Também acho que ele conseguiu convencer com muitas de suas idéias os seres humanos, dentro e acima do cume, pois sua propensão genuinamente amigável para com as pessoas lhe permite compreendê-las e guiá-las, e até a vida humana nas ilhas é tranqüila e receptiva por serem, de certo modo, remotas.

No pé da montanha, as fadas desse gênio são variadas; à medida que subimos, elas vão sofrendo modificações em sua natureza. Uma das mais comuns é uma fada dos bosques de uma delicada cor lavanda, com rosto muito pálido, que varia desde a orla marítima até o pico mais elevado. É uma criatura extraordinariamente linda, de movimentos graciosos. Uma outra, da espécie azul, ocorre comumente mais acima; e há muitas outras, mas o que é notável em todas é o seu sentimento comum de grande amizade. Elas vêem com um interesse tímido todos os seres humanos que sobem a montanha. Talvez se encantem particularmente com as corças, com as quais têm um sentimento maior de identidade. Bem lá em cima da montanha há vários lagos, e nestes vivem espécimes particularmente bonitos de fadas da água doce, azuis, com um leve matizado cor de esmeralda – água-marinha, creio – com feitio delicado e bem proporcionado de seres humanos, envolto por este material diáfano. O mar, à volta do precipício no sopé da montanha, atrai para esse grupo as fadas do mar e proporciona ao anjo da montanha uma família maravilhosamente variada.

O que é notável nesse lugar é que ele não constitui apenas um santuário para animais, mas um local especial de reunião para fadas, anjos das ilhas e mesmo anjos vindos do continente. O belo conjunto de mar, montanhas, lagos e a reserva florestal protege e cria um local esplêndido, e a poderosa personalidade do anjo orienta todos os seres. Estes vêm procurar conselho e orientação. O anjo é, podemos dizer, um personagem bem conhecido em toda a vizinhança. Ele sempre faz um esforço especial para ajudar os seres humanos que chegam à montanha, acompanhando seu plano de desenvolvimento, e penso que muitas pessoas sentem sua benigna presença apesar de ignorar-lhe a existência. A magnífica expansão de mar e céu, o continente distante e os picos de neve ao longe sintonizam o visitante sensitivo de modo que ele tem uma oportunidade excepcional para responder à presença do anjo, o mais antigo, sábio e estimulante morador do local.

Em Java, a pessoa que mais me estimulou na minha infância a respeito das coisas que agora escrevo foi o anjo da grande montanha. Ele sempre encorajava nas criaturas as qualidades de grandeza e firmeza, e foi ele quem me prometeu que eu chegaria, cada vez mais, a saber coisas sobre a vida das fadas. Ele foi não só o primeiro amigo de sua espécie que tive, mas tem permanecido durante todos estes anos como um símbolo da atitude de anjos e fadas com relação a tudo. Seu ponto de vista não tem mesquinhez nem insignificância. Os anjos são todos assim, mas ele, especialmente, mostrava sua capacidade de grandeza.

Afinal de contas, o contato com alguém como eles, diariamente, faz uma profunda impressão numa criança. Sua montanha se elevava ao pôr-do-sol, quase toda noite, e as massas de nuvens se formavam por trás e à volta do cume. Após anos de admiração me encontrei de súbito, por assim dizer, ao lado do espírito da montanha em seu próprio cume. Ele se havia concretizado em resposta àqueles anos de infantil admiração e maravilhamento, dando-se a conhecer. Era alto, cor de índigo, e fadas douradas se reuniam à sua volta. Irradiava coragem e tenacidade de propósitos, com sincera afeição e bondade.

Em resumo, uma pessoa de sabedoria e majestade que tem animado durante séculos um certo lugar, conhecendo-o intimamente e por toda a vida, e que demonstra e sente agudamente os pensamentos e emoções de todos os que ficam ao seu alcance. Os séculos lhes dão compreensão, e este anjo estendeu seu campo de influência para me incluir, e derramou sobre mim um fortalecimento fecundo, porque eu havia pedido o seu apoio.

Assim, as montanhas exercem realmente uma influência muito grande sobre as pessoas, pois são, de muitas maneiras, um símbolo típico da grandeza da alma. Todos ganhariam se aprendessem isso das montanhas, se ao menos as considerassem amigas.

9

AS FADAS DA ÁGUA

Os mares, que muitos de nós julgamos serem apenas ondas azuis que se movem sob o vento e profundezas abarrotadas de peixes, estão fervilhando com milhares de fadas do mar. Elas pertencem ao mar tanto quanto os peixes. São criaturas da água, e só podem existir em permanente conexão com a água. Existem muitas variedades dessas fadas, e também muitas diferenças de feitio e colorido em águas diferentes mas, de modo geral, notei três grandes espécies.

Em primeiro lugar, há fadas que vivem na superfície do oceano, em canais e baías, perto da terra. Estas, muitas vezes eu tenho chamado de "bebês d'água", porque parecem bebês gordos e arrendondados, e são a coisa mais divertida que é possível imaginar. Se podemos imaginar um rosto perfeitamente redondo, do tamanho de um pires de chá, praticamente sem pescoço, quase sem pés, duas mãos indefinidas e semelhantes às de um golfinho, com dedos mais ou menos articulados, todo o conjunto de um suave azul-claro e de constituição macia, com grandes olhos risonhos, num rosto esbranquiçado, quase sem cabelo mas com uma sugestão de penugem infantil e indistintos arremedos de orelhas – então seria possível imaginar exatamente esses risonhos bebês d'água. Existem algumas variedades em relação ao colorido e ao tamanho nos diversos oceanos, mas estes são os mais comuns de todos. Elas rolam e dão cambalhotas umas contra as outras e têm o mais delicioso divertimento. Estão sempre em grupos de três, de quatro ou mais, às vezes em grandes bandos, girando alegremente e flutuando ao longo da costa. São as mais felizes fadas de todas as que tenho visto e têm um sentimento muito afetuoso para com os humanos, que acham muito sem graça por estarem sempre solenes e sérios. Outra característica dessas fadas é que podem comunicar-nos sua energia vital, de que têm superabundância, para preencher nosso suprimento quando está esgotado. Se, quando estamos muito cansados, pudéssemos ir até a beira-mar e, deliberadamente, atrair para nós algumas dessas criaturas e pedir-lhes um pouco de sua vitalidade, penso que nos sentiríamos, em poucos minutos, seres humanos diferentes. Em Sydney, quando eu ficava cansada, costumava ir até um embarcadouro marítimo e em poucos minutos me sentia revitalizada, pois os bebês d'água habitam todas as praias e portos de água salgada. No entanto, na Califórnia e na Flórida, as costas são especialmente exuberantes. Mais adiante, voltarei a este ponto.

Quando deixamos a costa e entramos no mar alto, os bebês d'água ficam para trás e seu lugar é tomado por fadas da média profundidade, cuja aparência e caráter são muito diferentes. Estas são altas, de cinco a seis ou sete pés, e têm semelhança mais acentuada com os humanos, apesar de serem tão finas que mais parecem esqueletos vivos; mesmo considerando isso, elas não são absolutamente feias. Têm uma qualidade de beleza feroz, descarnada mas atraente, qualquer coisa parecida com um cão-lobo de alta estirpe da Rússia por seu porte e até, de certo modo, pela aparência, pois seus rostos, apesar de humanos, são alongados, com narizes compridos e bocas de lábios finos. Têm olhos grandes, de um azul profundo, e o cabelo como algas do mar, de cor negra-azulada. O rosto é de um bronzeado bege apagado, mas o corpo é envolto numa substância azul-índigo que é como *chiffon* flutuante, que ondula e as rodeia. Seus braços não têm extremidades articuladas; em geral, suas pernas são indeterminadas. É difícil descrever seu efeito enevoado, flutuante, e eu não lhes fiz justiça, pois são realmente lindas à sua maneira.

Possuem também a mesma qualidade de alegria, mas que participa da feroz, violenta qualidade cigana do espírito de uma tempestade, mesmo quando o mar está calmo (apesar de elas adorarem tempestades), e agitam o corpo de um lado para outro no ritmo do movimento do mar. São indiferentes aos seres humanos. Nem sempre ficam na superfície, mas vivem a cerca de dez braços de profundidade, ou mais; periodicamente, sobem à superfície para se imbuir da experiência de ficar acima das águas.

A terceira variedade principal é encontrada nas grandes profundezas do oceano. São igualmente grandes e menos agradáveis de se olhar, pois parecem enormes gorilas e têm traços animalescos. Parecem cobertas com uma pele azul-escuro, apesar de esse material ser suprafísico. São, sem dúvida, até onde posso saber, as menos evoluídas dentre as verdadeiras fadas da água. Não têm, praticamente, nenhuma inteligência, mas apenas emoções primitivas. Não são bonitas nem agradáveis. Apesar de serem feitas de matéria densa, de modo que são quase visíveis ao olho físico, raramente são vistas pois quase nunca vêm até a superfície. No entanto, são levadas pela própria curiosidade e pela de seus superiores, que as reúnem em bandos, como fazem os excursionistas, para ver novas paisagens, pois a superfície lhes é desconhecida. Em geral, esses passeios são feitos à noite, à luz do luar, porque não gostam do movimento que está associado com a luz clara do dia. Foi numa dessas ocasiões que vi uma delas. Perguntei ao anjo de uma praia da Austrália e ele me contou. Não me senti à vontade na presença dela e ela me examinou com animosidade. Evidentemente, essas fadas são hostis aos seres humanos.

As fadas da água não são tão inteligentes como as da terra, mas têm suas próprias ocupações, o que é extremamente difícil de se explicar, mas tentarei. Posso dizer que, em primeiro lugar, quando as fadas olham para o mar, têm a sensação de estarem identificadas com uma vasta movimentação rítmica. É claro que devem ter consciência de todos os peixes, plantas e outras formas de vida no mar – na verdade, todas as correntezas de força vital. Isto significa que devem ter uma sensação de parentesco com grande parte da vida ali existente, de modo geral ou abstrato. O principal propósito da vida para uma fada do mar é realizar sua tarefa, seja qual for a forma que tome, e isso pode ser considerado como uma energia especializada. O corpo de uma fada do mar é um tanto mais fluido e formado de maneira diferente do que o de uma fada da terra. Ao que parece, o coração é o órgão central, e ela pode controlar seu ritmo ou seja o que for que desejemos chamar de ritmo variável que produz um sentido de pulsação. A tarefa das fadas do mar é especializar energia sugando-a do

Sol através de pequenos órgãos superficiais de seus corpos, e derramá-la dentro da água. Como outras fadas, elas têm inúmeras maneiras de se divertir, mas principalmente dão cambalhotas, brincando. As fadas têm profunda admiração por seu anjo, e demonstram grande interesse pelas reuniões com eles, pois os anjos do mar promovem grandes concentrações durante a Lua cheia. Estas reuniões devem ser um dos principais eventos de suas vidas, pois não são muito evoluídas.

Essas fadas, no entanto, realizam uma notável função em relação à própria água. Parece que essas criaturas agem em relação à água do mar como algumas fadas da terra fazem com as plantas. Estas últimas regulam a vitalidade das plantas individualmente, enquanto as fadas do mar operam sobre a água como um todo e, deste modo, agem indiretamente sobre as criaturas físicas que vivem dentro desse elemento. Seus corpos são formados de maneira específica para esse trabalho. Como já disse, têm o centro no coração como outras fadas mas, além disso, a superfície de seus corpos é coberta com grupos de pontos luminosos que são subcentros relacionados com o coração. Quando as fadas se movimentam, uma espécie de sucção é fixada nesses pontos de luz, fazendo com que a vitalidade seja carreada para seus corpos. Existem pelo menos duas qualidades de energia usadas: uma, a do Sol e outra, a da água. O centro no coração da fada participa da natureza de um ponto de amálgama dessas duas espécies de energia vital. Mas, no próprio mar há posições mais ou menos fixas relativas uma à outra; há centros como vórtices, provavelmente magnéticos, que são, é claro, superfísicos. Às vezes, talvez com horas de intervalo quando a fada absorveu mais energia amalgamada do que necessita, ela a derrama para fora de seus centros superficiais e esta é lançada para o mais próximo dos vórtices. Ali, essa energia é agitada e distribuída de um vórtice a outro, a fim de se igualar a carga. As fadas fazem isso o dia inteiro, inconscientemente, e desse modo o mar é carregado de magnetismo, ajudando todas as criaturas que nele vivem. Os vórtices estão relacionados com as tempestades do mar, o que tentarei explicar mais adiante. A principal tarefa dos bebês d'água é carregar esses centros. As fadas da superfície do mar profundo têm a mesma tarefa, mas são mais responsáveis, porque há menos quantidade delas em determinada área. Elas estão encarregadas de supervisionar a variedade das fadas que se assemelham a gorilas das profundezas mais densas, cujo principal uso é produzir uma espécie de energia densa.

Em geral, as fadas da água dos lagos e córregos não são tão numerosas como as do mar, mesmo em grandes extensões de água doce como as dos Grandes Lagos, apesar de haver ali um considerável número delas. As fadas de água doce são muito diferentes das criaturas do mar; são mais delicadas, têm um aspecto mais humano, e são mais adaptadas em cor e mobilidade ao seu habitat. Entre as muitas variedades, notei principalmente duas, isto é: as minúsculas, em pequenas quedas-d'água e riachos, talvez com oito polegadas até um pé de altura; e as um pouco maiores, que podem ter dois ou três pés de altura. As menores têm faces e vultos bem humanos, e são azuis – em alguns casos, cor de turqueza – quando encontradas nos riachos; quando se acham em quedas-d'água têm um leve colorido arco-íris. Seus rostos são pequenos e em forma de coração, e bem proporcionados em relação ao corpo; suas mãos e pés são pequeninos, e algumas têm contornos nitidamente femininos. Às vezes, vagueiam pelas praias. As maiores são de um azul levemente mais escuro, e seus rostos não são tão humanos como as de suas parentas, apesar de terem uma semelhança maior com rostos humanos do que as da espécie do mar. Ao todo são mais humanas quanto a cabelos e olhos, mas o espaço entre os olhos nem sempre está na mesma proporção.

Estas fadas da água doce são esbeltas, lindas e suaves, mas não mostram ser tão cheias de vida como as encontradas no fundo do mar. Têm muito mais interesse pelos seres humanos e gostam de nos observar. Como as fadas dos jardins e as criaturas dos bosques, gostam de cantar e sabem criar lindas melodias.

Os lagos de água doce e as quedas-d'água têm fadas que os habitam, mas elas são de variedade delicada e têm um sentimento de amizade para com os humanos, sobretudo em relação às crianças. Seu senso de amizade para com os peixes e outras criaturas vivas da água é, em parte, o sentimento que temos quando nos divertimos nadando ou brincando dentro e à volta da água.

Essas pequenas criaturas, com cerca de dois pés de altura, demonstram um senso profundo de delicadeza. Assim como a água tem um ritmo, elas respondem ao ritmo e também à nossa música, que gostam de ouvir. Quando há pessoas que tocam e cantam nas margens de rios e lagos, as fadas realmente se reúnem e se divertem imensamente.

Seu trabalho é semelhante ao das fadas do mar, mas em menor escala. Como tenho vivido a maior parte da vida perto do mar, não tive muita experiência a respeito das fadas da água doce; suponho que teria sido muito interessante se pudesse ter convivido com elas por algum tempo. As grandes massas de água muitas vezes são animadas por uma consciência magnífica, e observei algumas delas.

Um lugar como o rio Mississippi, por exemplo, tem um caráter especial. O espírito que anima esse rio é antigo e tem um tremendo poder, e os duendes do rio parecem ter vivido mais do que sói acontecer com fadas desse tipo, apesar de não serem bonitas como as dos lagos ou riachos claros. Os espíritos que habitam a água barrenta têm um aspecto muito menos humano, mas os dos rio Mississippi têm uma tremenda alegria de viver, tal como as criaturas do mar. Eles gostam de sentir o brilho do Sol na água. Estas fadas adoram movimentar-se, subir e descer o rio, trocando de lugar com outras. Sem dúvida, essa experiência de viagem torna-as mais inteligentes do que a maioria das outras variedades. A impressão do próprio espírito do rio, grande ser dotado de certo senso humorístico, torna suas fadas mais vivazes e semelhantes a ele. A expressão *Old man river* [Velho homem do rio] é muito mais do que uma expressão poética! É um ser dotado de muita vida. Apesar de quase nunca poder assumir uma forma projetada, quando o faz assemelha-se exatamente ao que a tradição sugere para outros rios, como o Pai Tibre. Há muita coisa mais nessas tradições folclóricas, pois os povos primitivos vivem muito mais próximos da natureza do que nós e, portanto, a conhecem muito melhor. O "Velho Homem do Rio" é uma pessoa notável. Ele comunica uma sensação de força e ao mesmo tempo de *joie de vivre*, mas suas brincadeiras tomam às vezes formas desastrosas para os interesses humanos. Por acaso, estive junto ao percurso de uma inundação no rio Mississippi, e testemunhei algo de seu trabalho manual e sem dúvida era divertido ver o poder do rio, submergindo incansavelmente milhares de acres de terra. Mas para o *Old man river* isso era apenas uma brincadeira. Ele tinha o senso da expansão e da liberdade, e dava a certeza de possuir algum truque secreto. Naturalmente, um fenômeno dessa espécie e magnitude não é realizado apenas por prazer. Mas, já que uma grande descarga natural era necessária, por que não transformá-la em divertimento? Devemos sempre lembrar que, para essas criaturas, a vida e morte não são importantes, e isso é especialmente certo com relação ao Velho Rio, que é imensamente antigo e, portanto, viu ambas em grande quantidade.

As fadas da água, como um todo, sobretudo os duendes do mar, não têm interesse por nós. O homem não entra em suas vidas, pois não pode prejudicar o mar em grande extensão. E por isso elas nutrem sentimentos amistosos para com a humanidade, contanto que não toquem em suas vidas. Não têm sentimentos de timidez, como as fadas da terra, porque as condições de sua vida não dependem de nós, como as das criaturas da terra. As fadas da água têm grande interesse por seu elemento que palpita de vida. Vivem ocupadíssimas, tomando conta das milhares de diferentes qualidades de vida que se desenvolvem no mar e na água doce.

Para as fadas, o mar é dividido em áreas, quase sempre com muitas milhas de extensão, que são menores nas costas e maiores no mar alto. Cada área á habitada e governada como um reino por um espírito dessa parte do mar, que na verdade é um anjo e não uma fada. Alguns desses anjos não são particularmente desenvolvidos ao passo que outros são de estatura gigantesca, grandes inclusive por suas faculdades espirituais. Eles orientam o destino das fadas e supervisionam a energia dos vórtices. É natural pensar que o centro do anjo, sua consciência, provém de um desses vórtices, do qual ele irradia suas próprias energias e supervisiona toda a vida que se processa em seu território. Este ser não tem necessariamente de tomar uma forma, mas pode fazê-lo sempre que o desejar. Ele é sempre bonito e se parece com o homem, na verdade, uma figura ideal de homem, com um imenso halo colorido ou uma aura que o envolve. Esses anjos são muito inteligentes e é muito mais fácil conversar com eles do que com as fadas, pois são capazes de apreender o rumo de nossos pensamentos, ao passo que com as fadas precisamos ser mais claros e objetivos. Devo dizer que os meus melhores amigos são alguns desses anjos da terra e do mar. Eles estão sempre próximos e sempre desejosos de ver alguém;

por isso, são muito mais confiáveis como amigos do que os seres humanos dão prova de ser. Algumas massas de água, como esplêndidos ancoradouros, têm magníficos agentes responsáveis, mas essas grandes personalidades ficam além do imediato interesse deste livro.

10

AS FADAS DO FOGO

As fadas do fogo são de duas espécies. Algumas são pequenas, têm cerca de três polegadas até dois pés de altura, não têm forma humana e não passam de contornos esfumaçados. As minúsculas são mais ou menos como chamas de velas; pertencem à classe dos elementais e não são realmente fadas. Algumas se parecem com insetos, ou lagartixas, ou besouros. Surgem nos pequenos incêndios das matas, chamadas para a vida pelo ritmo do fogo, a mais poderosa das vibrações, criada pelo som das chamas. São como uma invocação harmônica, e deixam de existir quando o fogo se apaga. Esta descrição se aplica somente às do tipo inferior – os fogos de lareira, as fogueiras, etc. As grandes têm de cinco a quatorze pés de altura, e podem ser denominadas salamandras. As maiores salamandras vivem em vulcões, e têm muito do formato alongado e fino do homem, diminuindo muitas vezes nas extremidades. Estas maiores também estão presentes nos incêndios das florestas; quanto maior o fogo, maior a fada. Estas seriam atraídas de alguma distância, e não são chamadas para a vida, pois há lugares onde elas se reúnem e, quando ocorre um incêndio, elas se deslocam para lá. Deste modo, as fadas do fogo viajam muito mais do que outras fadas, sobretudo porque não há tanta quantidade delas como as de outras qualidades. As fadas do fogo são muito mais inteligentes do que as dos jardins, mas sua espécie fica muito mais longe da humanidade do que as da terra. Na verdade, não têm praticamente nenhuma relação com a humanidade. Elas nos impressionam por serem agentes da natureza, inconscientes de sua participação. Sua única verdadeira conexão com a humanidade é através de seu amor pela música. Elas se aproximam sobretudo ao ouvir músicas como a Música do Fogo, de Wagner, no *Anel dos Nibelungos*. No passado, é provável que houvesse pessoas com poder sobre as salamandras em circunstâncias eventuais; havia, portanto, um relacionamento muito maior; de uma maneira geral, o sentimento com relação à humanidade é de indiferença. A maioria das fadas tem pelo menos curiosidade, mas isso não acontece com as salamandras; a humanidade não lhes interessa. São diferentes de nós; na verdade, são meio perigosas, de muitas maneiras. Devemos lembrar que elas têm o poder de evocar poderosas correntes emocionais. Essas emoções não são malignas em si mesmas ou na natureza das salamandras, mas são perigosas para homens e mulheres, pois são excessivamente apaixonantes. Alguém poderia conseguir poder por intermédio dessas fadas, mas seria desagradável que elas tivessem poder sobre nós, de modo que não devemos procurar comunicação com elas, a não ser que saibamos em que terreno estamos pisando.

As fadas do fogo não são exatamente temidas pelo resto da natureza, mas são olhadas com temor. Apesar de o fogo, na natureza, representar um papel destruidor, essa destruição não é fortuita ou casual, como muitas pessoas pensam. Pelo contrário, é dirigida de forma inteligente. As salamandras, ou fadas do fogo, representam na verdade um papel na natureza e são muito mais inteligentes do que a média das fadas, pois estão muito mais intimamente ligadas ao reino angélico. Elas são encontradas nas profundezas da terra, mas não permanecem estacionárias. Estão constantemente se deslocando das profundezas da terra para a superfície. Mas são, de certa maneira, o símbolo do fogo, pois o representam em sua consciência e essência. Tais criaturas são muito diferentes das que descrevemos anteriormente.

É impossível transmitir especificamente a vitalidade desse elemento da natureza. Ele é ao mesmo tempo um símbolo de destruição e de criação. O fogo é realmente misterioso para todos nós sob seus diferentes aspectos mas, de seu ponto de vista, as fadas desse elemento são incomumente inteligentes.

Em geral, as principais oportunidades para observar as salamandras estão nas grandes conflagrações da natureza; talvez seja melhor descrever bem simplesmente algumas delas.

Um vulcão, é claro, é uma visão magnífica – não só no mundo físico, mas também no superfísico. Os vulcões são lugares de grande energia e atividade. Encontram-se ali espíritos do fogo com uma altura de doze a quatorze pés; seus rostos, com feições quase humanas, fazem lembrar algumas das representações convencionais de Mefistófeles – apesar de não transmitirem uma impressão de malignidade. São até mais ou menos bonitas. Têm rostos que espiam de dentro das chamas, e seus corpos mergulham no interior do vulcão e são indeterminados, desvanecendo-se na substância vulcânica. Além desses espíritos, há nos vulcões grandes anjos do fogo, não muitos, com belos rostos humanos e uma expressão de severa reserva. Todo o local se movimenta e dança ao som de um ritmo inaudível, pois estes seres produzem música por seu movimento. O vulcão é uma válvula de escape para as vastas energias que estão estocadas na terra – energia em bruto, necessária para as finalidades criativas da natureza, de um modo que não é claro para nós. Os que vi nas Índias Ocidentais estavam em atividade. Pude observar um deles várias vezes durante certo período de anos, e cheguei a conhecer o seu gênio dirigente, um anjo de estatura gigantesca e bela compostura. Sua dignidade era impressionante enquanto orientava e controlava as forças poderosas e sutis que igualavam as grandiosas forças físicas das erupções. Afinal de contas, só a crosta da terra sustenta a vida, e essa crosta é fina. Por centenas de milhas abaixo não há vida física comum; portanto, quando esses imensos reservatórios de energia elementar são jogados sobre a terra, é preciso que haja alguma orientação. O grande anjo e seus companheiros e auxiliares se ocupam disto. A energia elementar não é complexa; as salamandras usam os elementos mais grosseiros e os anjos as transmutações mais requintadas. É necessário que eles passem essas correntes de força através de seus próprios corpos, de modo que o trabalho exige concentração. Portanto, o poder e a dignidade do anjo governante é muito natural, pois tem um trabalho grande e difícil sob sua responsabilidade. É claro que, ao mesmo tempo, isso constitui um excelente divertimento para ele, e todos gostam do movimento, da música e das chamas que saltitam com uma intensidade linda de se ver. Certa vez, eu estava perto de outro vulcão, em Java, um dos menores, localizado num deserto arenoso. Ali existira outrora um culto de adoração; por isso, as salamandras tinham mais interesse pelos seres humanos quando estes apareciam, mais do que teriam outras criaturas vulcânicas. Elas observaram o nosso grupo e tentaram provocar por parte dos seres humanos alguma resposta e fazê-los ter a sensação de que eles estavam tão vivos quanto elas. Isto, algumas vezes, teve efeitos desagradáveis, pois, afinal de contas, nossas emoções são muito diferentes das delas, razão pela qual elas poderiam reagir de maneira não muito amena.

Num incêndio florestal, o começo é, naturalmente, pequeno; a princípio, aparecem apenas umas poucas criaturas semelhantes a lagartixas, criaturas temporárias das chamas, como em qualquer outro fogo. Mas, lentamente, à medida que o incêndio se alastra e as árvores se incendeiam, corre o chamado para as criaturas maiores e elas chegam saltando com um sentimento de alegria, dançando e dando cambalhotas dentro das chamas, misturadas com os pequenos seres, que são realmente os que predominam ali. A maioria das fadas dos bosques fogem dos incêndios. Elas procuram ajudar animais e criaturas, tanto quanto possível; mas não podem fazer muito, de modo que elas fogem até que chegue o momento em que o incêndio esteja extinto, ou quase. Se as grandes árvores ficam realmente queimadas, é claro que morrem, mas seus espíritos procuram extrair de dentro da casca o máximo possível de energia, tentando proteger a vida da árvore. Naturalmente, eles sentem que as criaturas do fogo não são suas amigas, mas no reino mágico o sentido de tragédia não é o mesmo que no nosso, apesar de as fadas da floresta ficarem tristes quando vêem as plantas queimadas, já que muito amor e trabalho são perdidos com elas. Mas, como são realistas, começam o trabalho de reconstrução imediatamente, trabalhando num esforço extra, pois é muito difícil começar a vida entre restos carbonizados. Elas descobrem restos de vida e cuidam desses restos. À medida que o incêndio se apaga, as salamandras se atropelam em fuga. Para onde vão? A resposta é muito interessante.

Quando eu estava no Grand Canyon, no Arizona, vi algo que me pareceu uma coisa única. O Canyon é habitado por um enorme anjo, não só de magníficas proporções no corpo, mas de nobre e esplêndida personalidade espiritual, que combina de todos os modos com a singular natureza do local. Seu corpo físico é o Canyon; isto é, sua consciência abarca todo o precipício – suas duzentas milhas de comprimento e treze de largura e muito mais do que duas milhas de profundidade. Ele anima e paira sobre toda a região. Quando se corporifica, tem uma forma humana bela e majestosa, com cerca de trinta pés de altura, com cabelos e olhos escuros, e é cercado, por assim dizer, por brilhantes reverberações de luz. Muitos anjos de menor importância o auxiliam sob suas ordens, sob as quais ficam alguns seres que jamais vi em outros lugares. Eles têm de dois a três pés ou mais de altura. Seus rostos são estranhos e estão envoltos numa luz trêmula de púrpura e fogo. A maioria vive um pouco abaixo do solo, enquanto outros vagueiam pelo Canyon, erguendo-se um tanto acima da beirada. Outra espécie de seres é individualmente menor, talvez de um pé de altura, de cor castanha listrada de vermelho, com rostos e corpos meio humanos. Eles vivem na terra e ficam próximos da descrição clássica que se faz dos gnomos, e são curvados para a frente como velhos de pequena estatura. Seus rostos são tão pontiagudos que se assemelham a barbas. Mais além, sob o leito do rio, existe outra espécie de seres, as fadas do fogo, as grandes salamandras, no que podemos chamar de gruta do fogo.

Ali, sem dúvida, parece situar-se um centro de pura energia subterrânea, algo como um vulcão. O anjo do Canyon é da mesma natureza e transmite um poder puramente elemental. Ele toma conta de todo o trabalho que se faz em todo o Canyon, pois participa de sua essência e pode compreendê-lo e protegê-lo. O trabalho em si mesmo é feito por certos anjos que se assemelham no aspecto aos anjos do vulcão, mas são seres mais bonitos e importantes.

Vêm da gruta onde os poderosos anjos do fogo são encontrados, luminosas correntezas de energias que se espalham dentro e através do corpo do anjo do Canyon. Essas energias se irradiam para todas as partes do Canyon e mais além. Essas correntezas, entretanto, são apenas o excesso de forças vitais cujos principais usos são vistos na própria gruta. Ali, os grandes anjos do fogo tiram das entranhas da terra sua força elemental e permitem que ela gire por seu corpo, derramando-a, em seguida, num reservatório comum, de onde é extraída, quando requerida pelos anjos que ajudam na criação de fadas do fogo e de salamandras. Ocupados dessa forma, os anjos dão início a um ritmo e com ele extraem a energia de que precisam; eles a amoldam na forma de seus pensamentos e, depois, com uma espécie de súbito ritmo especial (que seria chamado, na Índia, de mantra) invocam a vida para a criatura por eles modelada e a enchem de energia. Com tal ato são criadas as fadas do fogo. Em geral, dois anjos se concentram na criação de uma salamandra, pois ela é a essência do fogo. A salamandra não fica ali, é claro, mas se dirige para os pontos da superfície da terra, ou abaixo dela, onde ficam as correntezas do vulcanismo – os vulcões – ou onde haja grandes incêndios inesperados. Eles são o espírito do intenso calor das profundezas maiores da terra, e só se sentem felizes quando há grandes exibições de fogo.

Nada do que eu posso dizer aqui pode transmitir a tremenda sensação de vida que emana dessa estranha oficina subterrânea. O lugar todo é tão extraordinário e maravilhoso – há vida nas profundezas da terra! No entanto, todo o nosso universo, palpitante com toda qualidade de vida, é na verdade cheio de coisas extraordinárias e maravilhosas.

11

AS FADAS DO AR

Realmente, no caso de fadas observadas no ar, é necessário distinguir entre duas classes gerais. Uma delas é o grande mas heterogêneo grupo que pode ser chamado propriamente de fadas do ar porque este é seu único e natural elemento; a outra é um grande grupo, mais ou menos homogêneo, que não se restringe ao ar. As primeiras não são fadas do ar no sentido estrito, mas antes a grande multidão de criaturas altamente desenvolvidas que evoluíram da terra e da água e até da experiência do fogo, e agora estão livres dessas condições especiais porque sua inteligência as ultrapassou. Estes seres interessantes são chamados de sílfides, e eu as chamarei assim porque é conveniente e não cria confusão. Mais adiante eu as descreverei em detalhe, pois, no momento, é suficiente dizer que pertencem a uma classe bem distinta, de elevada inteligência, de utilidade geral e de origem variada.

As fadas do ar propriamente ditas pertencem a três tipos gerais. São, por natureza, parte da água e parte do ar. A primeira espécie vive e nasce em massas de nuvens; seu tamanho varia, mas no todo são grandes, de forma indefinida e volumosa com rostos mais ou menos humanos e afilados, cabelos semelhantes a nuvens que escorrem, finos, por trás delas. Toda a sua estrutura parece feita de nuvens. São com freqüência chamadas de sílfides. Em vez de se "fantasiarem" como as fadas da terra, parece que sua maneira de brincar e crescer é amoldando massas de nuvens, formando quantidades de formas. Os espíritos das nuvens são os escultores do mundo mágico, e se realizam ao flutuar à volta de suas nuvens, amoldando-as. Gostam muito de trabalhar sob a sugestão de outros, e se uma massa de nuvens é olhada como algo vivo, isso se torna um jogo, sobretudo com relação às crianças, pois procuram moldá-la de acordo com a imaginação destas. Se alguma criança pensar na fada que está presente, esta responderá à brincadeira e tentará realizar a forma desejada. Não adianta impor a vontade de alguém sobre elas, pois são fugidias, mas respondem ao espírito da brincadeira. Sua inteligência não é grande, mas sua função na natureza é importante, porque possuem uma espécie de poder de orientação sobre as formações de pequenas nuvens e ajudam a acumular grandes massas para a queda das chuvas. Quando as nuvens desaparecem, elas se retiram para os lagos das montanhas, para a névoa e para o mar. São seres benignos, como parecem ser todos os espíritos do ar. Algumas vezes, os espíritos das nuvens têm delicados tons pastel que os envolve, e quando escorregam de um lado para outro e brincam entre si, é um espetáculo bonito. Têm tanta seriedade ao amoldar suas nuvens como uma criança interessada na construção de castelos com blocos ou areia. Também gostam da sensação de se atirarem sobre os ventos que sopram durante as tempestades de verão. Os espíritos das nuvens gostam particularmente do nascer e do pôr-do-sol, porque a luz, brilhando através de suas nuvens, cria lindos efeitos, que eles admiram pela beleza criada em seu mundo. Se nos mostramos sensíveis a um belo pôr-do-sol, elas muitas vezes tentam fazer seu espetáculo ainda mais bonito. Em particular, lembro-me de alguns crepúsculos que vi no oriente tropical quando criança e de como, maravilhada, eu observava o espetáculo e procurava entrar em contato com esses seres. Ainda gosto de ver seus trejeitos, mas após anos observando-os, ainda não compreendo seu complicado relacionamento com o desenvolvimento da chuva, da neve e dos fenômenos correlatos.

Provavelmente, a mais característica das fadas do ar é a que está associada com as tempestades. São pequenas, com quatro ou cinco pés de altura, mas bem conformadas e bonitas. São bem proporcionadas, segundo o modelo humano, com rostos estranhamente estreitos e cabelos flutuantes. Seu principal colorido é o de uma bétula cinzenta, mas com tons apagados de azul-pálido e violeta. Sempre há algumas delas à nossa volta, porque sempre sopra algum vento, mas sua relação com ele não é tão íntima como a das fadas das nuvens. Raramente descem ao nível da superfície terrena e são vistas sobretudo em grandes grupos, bem alto, no céu. Quando sopra um vento forte, entretanto, elas descem à superfície da terra ou do oceano. Têm inteligência de alto nível e estão, de fato, mais próximas das sílfides por sua natureza. Talvez sejam um grupo de sílfides especialmente dedicadas ao vento descritas mais além em relação com ciclones. As sílfides, como todas as outras fadas, trabalham sob a direção de anjos. Seus superiores são um grupo especial de anjos que estão ligados às tempestades; quando um grande furacão está prestes a desencadear-se, são convocadas para isso. Assim como as tempestades constituem momentos de prazer na vida das fadas das nuvens, assim como outras fadas têm especial prazer em outros eventos, assim o vento da tempestade é a grande alegria destas fadas em particular. Elas giram ao vento por cima das florestas, sobre a superfície da terra, e são vistas normalmente apenas ao redor dos grandes picos das montanhas. São superiores às fadas das nuvens, que orientam.

Em altitudes imensamente elevadas, podem ser encontrados os últimos tipos de espíritos do ar dos quais tenho conhecimento. São monstros prodigiosos que flutuam como dragões. Acho difícil conjecturar seu tamanho, mas são enormes e têm escamas. Lembram um tradicional dragão chinês, com enorme cabeça, corpo longo e grandes olhos. Têm quase toda espécie de cores, mas estas são vívidas e escuras. De que se ocupam exatamente, não sei. Sua inteligência é evidentemente pouca, no entanto, são centros de energia e de força parecidos com a da eletricidade. Flutuam preguiçosamente pelos céus, bem alto, acima do nível das nuvens e, com certeza, se movimentam rapidamente. As fadas da tempestade extraem energia deles, para seus propósitos particulares. Pode parecer absurdo, mas eles de fato parecem imensas e pré-históricas vacas nos campos do céu, vagueando e pastoreando de acordo com a energia que possuem. Nunca descem até uma atmosfera mais baixa, e ficam sempre acima dos níveis dos tempestades. São interessantes, por serem tão estranhos, mas não posso entendê-los muito bem.

Conan Doyle, certa vez, escreveu uma história chamada *O Horror das Alturas*, que faz lembrar essas criaturas. Quando um desses seres passa flutuando acima de nossas cabeças, é possível entrar em contato com algum deles mas, além de uma sensação imprecisa, sou incapaz de obter uma idéia ou uma resposta direta a respeito. Entretanto, um anjo me contou que esses dragões são sobretudo reservatórios dos quais os anjos e fadas extraem energia para seu trabalho e é assim que eles afetam, de algum modo, a atmosfera.

As fadas das nuvens parecem pertencer, em parte, à categoria da água. Os dragões são realmente espíritos do ar, e é claro que as fadas da tempestade pertencem ao ar por suas características. Mas as criaturas mais definidas do reino do ar são as sílfides.

Elas são do mais elevado tipo encontrado em qualquer parte, e são muito lindas para se ver e conhecer. Têm feições humanas perfeitas, com rostos bonitos como o das crianças, com a diferença de que são muito mais bonitas do que o ser humano comum. São envoltas por uma névoa opalescente, que deslumbra. Parecem seres humanos envoltos nesse material brilhante, o que dá a impressão de opalas sob a luz solar, tudo nas mais delicadas gradações. Seus corpos são feitos de matéria muito mais fina do que os de qualquer outra fada, de modo que é mais difícil que uma pessoa comum possa vê-las. Por outro lado, sua inteligência é muito superior à de outras espécies de fadas; portanto, é muito mais fácil comunicar-se com elas, pois sabem ler nossos pensamentos. Por isso, não é preciso nenhum grande esforço para compreendê-las, e elas a nós. De fato, muitas delas são superiores ao ser humano médio em compreensão. Outra particularidade é que elas não estão ligadas a nenhum local ou qualidade de trabalho, de modo que vão para onde querem e realizam tarefas variadas. A grande ambição da sílfide é tornar-se anjo. São quase anjos, e com um pouco mais de esforço podem individualizar-se e igualar-se a eles em sua próxima "corporificação". Elas procuram atingir essa meta, aproximando-se dos anjos e prestando tanto serviço quanto possível à sua volta e até para a humanidade. É através do serviço e da compreensão do trabalho dos anjos que elas atingem o nível mais elevado. O que acontece, em geral, é que se tornam assistentes de algum anjo e aprendem a prestar-lhe serviços especiais; realizam certas tarefas específicas que ele lhes determina e também agem como suas mensageiras ou assistentes pessoais. Assim é que muitos anjos têm algumas sílfides sob suas ordens. Desta maneira, a fada adquire experiência e também afeição, o que é importante. O anjo procura desenvolver todo o amor latente em seus companheiros. A relação é de delicada ternura, pois a fada é extraordinariamente feliz a serviço do anjo, e muito orgulhosa de seu posto. Na verdade, a sílfide, no mais puro e verdadeiro sentido da palavra, está "amando" o seu chefe angélico, e esse relacionamento é de tal delicadeza que se torna quase incompreensível para os seres humanos, nos quais esta emoção tem sempre algum resíduo de atração física. Além do mais, ela está amando permanentemente, outra grande diferença!

Algumas sílfides se relacionam muito com os seres humanos. Freqüentemente, parte de seu trabalho é para ajudar os que sentem dores ou outros sofrimentos, e até para salvar pessoas da morte. Muitas vezes, elas atuam como anjos guardiães e contam às pessoas o que as aguarda. Também são encontradas em hospitais, sobretudo junto aos moribundos. Uma de suas alegrias é acompanhar crianças que acabam de morrer e se sentem perdidas e deslocadas. Brincam com elas e lhes contam maravilhosos contos de fadas, ensinam-lhes lindos jogos e as levam para lugares bonitos. Elas se deliciam nesse trabalho com crianças porque, assim como todos em seu mundo, gostam acima de tudo dos muito jovens. Essas crianças esperam com ansiedade a volta de suas visitantes com intensa antecipação.

Nos livros medievais, lemos a respeito de sílfides a serviço de mágicos e, por mais supersticioso que isto pareça, é bem verdade. Com freqüência, elas servem a seres humanos em vez de anjos, e tiram sua experiência dessa relação em vez daquela mais habitual. Ariel é muito mais do que uma invenção poética. Na verdade, em toda a literatura que conheço, é a caracterização mais exata como descrição de uma sílfide. O sentimento de Ariel, que estava ligado a seu senhor por uma mistura de respeito e de amor, seu espírito brincalhão e suas rápidas e engenhosas ações apoiadas pela força de Próspero, sua atitude tolerante para com todos os seres, seu controle sobre o grosseiro Calibã, seu domínio sobre os elementos – tudo isso prova que o conhecimento do poeta é tão profundo nisso como nos outros campos em que sua sabedoria é aceita.

As sílfides tornam o reino do ar especialmente belo. Seus sentimentos de gracioso serviço e dedicação leal são tão delicados, suas percepções tão agudas, elas são tão alegres e de coração tão leve, seu espírito brincalhão é tão pronunciado que elas tornam o reino do ar incomparável. A água tem uma alegria especial, o fogo é estranhamente maravilhoso, mas só o ar oferece estas criaturas celestiais com sua lúcida e afetuosa compreensão da humanidade, combinada com o poder angélico, nada inferior.

Outra faculdade do reino do ar é que ele não possui vida física em que se basear. Afinal de contas, as fadas da superfície da terra e da água estão ligadas a uma vida física muito prolífica; até os rochedos são vivos para as fadas, e o mar profundo está apinhado de criaturas. Mas o ar é o local da mais ampla liberdade. Por isso, a sensação é de menor congestionamento e de menos ordem e organização. Imensos territórios do ar são quase inabitados. Perto da terra, moram as sílfides, que vagueiam por onde precisam. Muito mais acima, a escassa população das fadas das nuvens e das tempestades aparece de vez em quando. E finalmente, a uma grande distância, o ocasional dragão dos níveis mais elevados ronda milhas acima de nós – esse é o elemento que sempre foi, com acerto, comparado a tudo quanto é liberdade.

12

OS CICLONES

Quando eu estava em Miami, na Flórida, dois ciclones rugiram sucessivamente por aquele Estado, durante os anos 20. Naquele momento, pedi ao anjo do mar que descrevesse o acontecimento. Ele o fez, comunicando-me um grande número de quadros mentais combinados com sensações. Há uma única dificuldade na comunicação com um anjo. O que ele considera uma idéia é para nós vinte, e assim levamos muito tempo para assimilar o que ele quer exprimir. Logo ficamos confusos, porque estamos *atrasados* em relação a ele ao apreender suas idéias. O espetáculo começava com a Baía de Biscaia (sua região) linda sob um céu ensolarado, em paz tropical. O anjo e suas fadas se desincumbiam de suas tarefas comuns diárias, serena e alegremente. Isto foi um ou dois dias antes da chegada do ciclone.

Devo explicar que existe uma hierarquia de anjos ou devas em geral e, neste caso, de anjos do mar. Os vizinhos próximos do anjo da Baía são seus iguais e colegas. Mas, acima de todos estes, e supervisionando uma vasta extensão do mar, há um ser maior. Como já descrevi anteriormente, em cada território governado por anjos – como aquele que habita a Baía – há um vórtice que é a sede principal da consciência do anjo. Este centro fica num local particular e pode ser considerado como o coração dessa área. Há vórtices semelhantes no ar, não tão numerosos, que servem aos anjos do ar de igual maneira. É a descarga de energia e antagonismo entre um vórtice do ar e um vórtice do mar que resulta em várias espécies de tempestades. Portanto, há uma constante troca de energias entre os anjos do mar, os do ar e assim por diante. Na verdade, todo o equilíbrio das energias da natureza está na manutenção desse exército. Seus corpos são a sede e indicam o fluir e a descarga da energia. Um certo número de anjos exaltados – provavelmente pequeno – dirige o curso da natureza dessa maneira, por todo o mundo, mantendo a força da natureza em equilíbrio. Nosso amigo, o anjo da Baía de Biscaia, é assim uma unidade nessa vasta rede de seres superiores e inferiores. Os que pertencem às fileiras mais elevadas, por serem os agentes imediatos, têm o poder de planejar o futuro com muita antecedência e de conhecer os acontecimentos da mais minuciosa qualidade, fato que os homens sempre atribuíram a Deus. Na verdade, eles "decidem até a morte de um pardal".

Por vezes, parece haver excessiva energia concentrada, digamos, na zona tropical, e torna-se necessário libertá-la. Disso resulta um ciclone ou qualquer outra irrupção de energias da natureza. Entretanto, isso não ocorre cega ou ocasionalmente, mas segundo uma esplêndida ordem que descreverei a seguir, voltando ao caso particular do vento que assolou Miami. Devo enfatizar que estou falando do ponto de vista de um anjo do mar e segundo sua apreciação especial, e que a descrição seguinte dos preparativos e da realização do evento resultam da forma como compreendi a sua narrativa.

Os grandes anjos, que mantêm as energias da natureza em equilíbrio, decidiram que deveria haver uma descarga de energia na região coberta pelo ciclone. Eles indicaram o ponto de partida e o território geral, e depois designaram um anjo para dirigir a tempestade, preparar seus detalhes e levá-la até o fim. O início foi determinado pelo fato de que num certo ponto havia algo fora de equilíbrio, que requeria imediata atenção. O próprio anjo do ciclone, escolhido para a tarefa, tem cerca de vinte pés de altura, e poderíamos pensar que ele está envolto em relâmpagos, vestido com elementos de eletricidade. Podemos imaginá-lo como a imagem de Zeus e seus trovões, descrito na mitologia grega. Ele tem um rosto vigoroso, com brilhantes olhos cinzentos e cabelo claro, visão magnífica, que confere uma sensação de temor na presença de tanto poder. Esses anjos da tempestade são raros, pois não pertencem a nenhuma região em especial, mas viajam por toda a terra com as tempestades. São altamente desenvolvidos e têm perfeita clareza e firmeza de visão, de precisão matemática. O anjo da Baía de Biscaia também tem medo deles, o que deixou bem claro para mim. O anjo do ciclone começou por selecionar um par de anjos para ajudá-lo em sua tarefa; estes são meio parecidos com ele, mas menores e não têm o mesmo grau de desenvolvimento. Além destes, alguns outros anjos o acompanharam como colegas. A estes eu posso chamar de anjos da vida e da morte, pois seguiam com o anjo do ciclone a fim de supervisionar o aspecto humano da tempestade. Por assim dizer, os efeitos do furacão sobre a humanidade.

Como eu disse anteriormente, o anjo da Baía recebera o aviso informal de que tal evento estava iminente e sua descrição da discussão entre os anjos à sua volta foi um tanto divertida. Ele me mostrou anjos falando ao mesmo tempo sobre o tufão que se formava e procurando imaginar de que maneira isso afetaria cada um deles. O anjo da Baía tem um profundo senso artístico e um certo humor parecido com o humor irlandês, e suas descrições dessas conferências de fofocas eram deliciosamente pitorescas e cheias de vida.

Mas a notificação oficial não podia ser mais impressionante. O anjo do furacão primeiro advertiu os anjos do ar e do mar que estavam localizados no ponto de origem da tempestade. Deu-lhes instruções para que preparassem a tempestade reunindo suas forças e para que estivessem prontos para descarregá-las quando chegasse o momento. Deu-lhes um horário definido, que fixou para algumas horas antes; e com esta ordem aos anjos sobre o momento do início, enviou uma onda de notificações para os anjos localizados ao longo da região por onde o furacão deveria passar, região que ele e seus colegas finalmente haviam determinado. Isso foi realizado através da comunicação passada pelos anjos desde o ponto de partida a seus vizinhos logo à frente, e assim por diante, até que finalmente nosso anjo da Baía recebeu o aviso definido do quartel-general. Ele imediatamente começou seus preparativos, sob a supervisão geral de seus superiores territoriais, pois o aviso oficial chegaria dentro de poucas horas. Convocou uma reunião em massa de suas fadas e explicou-lhes o que ia acontecer, até o ponto que pudessem compreender. Então começou a extrair poder de seu vórtice, acumulando energia. Sua posição no todo era importante, pois estava à beira da terra. Os vizinhos do mar enviaram-lhe energia. À medida que se aproximava a hora do furacão, ele ia aumentando seus preparativos, acionando-os cada vez mais até um máximo de intensidade, com poder crescente. Vamos deixá-lo por um momento, e voltemos ao ponto de origem da tempestade.

Na hora determinada, o anjo do furacão apareceu junto com sua companhia. Então enviou uma chamada, assemelhando-se muito ao chamado de trombeta para uma batalha. Ao ouvir esse som, uma espécie de choque percorreu a linha de anjos selecionados desde o ponto de partida do furacão, ao longo do caminho até o seu ponto terminal. Todos os anjos nessa linha ficaram interligados, absorvidos pela consciência do anjo do ciclone. São fadas especiais da tempestade, da ordem do ar, e um segundo efeito de seu toque de trombeta foi que centenas delas acorreram, vindas de todos os pontos. E com essa chamada o anjo descarregou energia no percurso designado para a tempestade, contribuindo pessoalmente para isso. Tudo foi imediatamente acompanhado por uma descarga do excesso de energia dos anjos do ar e da água no ponto de origem. E então, como imensa bola de chama cheia de uma tropa de anjos e fadas, tudo centralizado ao redor do anjo do furacão, o ciclone irrompeu na ordem predeterminada. À medida que se aproximava de cada vórtice de ar e água, os preparativos locais iam chegando a um clímax, e com a chegada do anjo do furacão essas reservas da energia local do vórtice eram descarregadas no centro da tempestade, que se dirigia para o vórtice seguinte, mais forte e mais poderosa do que antes.

As fadas que trabalham sob as ordens do anjo da Baía de Biscaia também contribuíram com o seu esforço. Tudo aquilo era um divertimento para elas; jogavam-se no ar quando o centro do furacão entrava em seu vórtice, e tentavam, brincando, pendurar-se na tempestade e viajar com ela, contribuindo com suas pequenas quotas de energia e dando cambalhotas de volta para a água. Algumas conseguiram viajar mais do que outras e só conseguiram voltar a seus lugares habituais depois de algum tempo. É claro que depois da tempestade, havia muito trabalho extra a ser feito, mas elas gostavam muito do estímulo e das sensações geradas pelo furacão.

Quando o furacão atingiu nosso anjo da Baía, ele já estava pronto. Seu papel específico era reunir suas forças, tal como aqui foi descrito anteriormente; esta não era sua única tarefa, pois o furacão, a esta altura, precisava descarregar sua energia sobre a terra. Quando o anjo do furacão chegou, a tremenda descarga de forças envolvidas no encontro marítimo foi momentaneamente esmagadora e, sendo repelida pela fileira do litoral, produziu tal choque que toda a organização do anjo da Baía ficou, por momentos, rompida. As fadas sabiam que isso ia acontecer e andavam na ponta dos pés, ansiosas para que a tempestade as atingisse; no entanto, quando chegou o momento, o impacto foi tão terrível que elas foram atiradas para trás, para fora do caminho do furacão. Elas se recuperaram rapidamente e se incorporaram à tempestade, lançando nela sua energia e acompanhando os distúrbios à medida que estes se abatiam sobre a terra.

O anjo de terra do litoral de Miami, é claro, também sabia da iminência da tempestade, mas sua parte era passiva, pois nada podia fazer para impedir aquele acontecimento e compreendia que seu destino era aceitar o que o ameaçava. Não gostava especialmente disso, tal como os anjos da terra, é claro, não gostam da destruição de plantas e árvores; além do mais, neste caso, estavam envolvidos também os seres humanos. É bom lembrar que, enquanto uma tempestade faz furor no oceano e o deixa virtualmente sem prejuízos, na terra ela faz muito estragos; são necessários tempo e cuidado para que as plantas e a vida em geral recuperem seu desenvolvimento. Assim, quando a tempestade atingiu a terra, o anjo do furacão teve especial cuidado em dirigir seu trabalho, porque tantas formas de vida mais complicadas que as suas estavam envolvidas. Os anjos da vida e da morte, que o acompanhavam, tomaram nota do que devia ser feito e de sua parte no trabalho, na medida em que o furacão cobrou o seu quinhão de vidas humanas. Parece incrível, a não ser que o observemos por dentro, que no meio desse turbilhão reine a ordem; entretanto, devemos nos lembrar de que não só o anjo do furacão é um personagem de magnífica inteligência, mas que a cooperação, a organização e a ordem são exatamente os aspectos em que as hostes angélicas excelem. Naturalmente, o anjo da terra tentou salvar quanto pôde do que estava sob a sua responsabilidade, sobretudo plantas e animais. Nisso, suas fadas cooperaram muito com ele, saltando sobre um cavalo perdido aqui e um pássaro ocasional ali, e de súbito reforçando seus instintos de modo que eles se puseram a salvo com uma demonstração de inteligência que não lhes é comum. No caso das árvores, o anjo da área de

Miami porporcionou fortes ondas de resistência às pessoas assim como às suas fadas. Esse anjo é um ser alto, calmo e sua existência é marcada pelo prazer de viver, pois a região sob seus cuidados e os seu clima o encorajam a isso. Ele tem um sentimento de simpatia para com Miami, porque aprecia o fato de seu desenvolvimento significar, indiretamente, mais fazendas e pomares de frutas, tudo o que representa vida e experiência para si e para suas fadas. Ele não gosta da febre de um crescimento rápido e exagerado, sem controle no desenvolvimento da terra, porque isso significa a destruição arbitrária do solo, fato que, como a inútil destruição de florestas no Noroeste, é mal visto. Os anjos não se aborrecem com a inteligente diminuição das florestas, pois isso representa um experimento construtivo, que contribui para a vida do todo, por mais que a árvore, individualmente, possa sofrer com esse fato. O furacão foi para o anjo de Miami algo situado entre a total e nada inteligente destruição feita pela humanidade e a organizada modificação da natureza. Mas ele o aceitou com naturalidade, pois provinha de seus superiores.

As fadas do mar, por estarem com uma carga tão excessiva em seu poder, atiravam-se ao solo; a perturbação física que acompanhou esse choque assolou regiões inteiras em alguns lugares e empilhou areia e resíduos por toda parte. Por isso, as fadas do mar tiveram um acúmulo de trabalho para fazer. Devemos admitir que elas se divertiram com isso, pois era coisa nova para elas. Quero dizer que, em alguns lugares, elas teriam mais trabalho a fazer que em outros, de modo que tudo era novidade.

Enquanto durou o furacão, as fadas do mar foram carregadas para a terra, tendo algumas penetrado várias milhas longe do litoral, fato incomum que elas, naturalmente, consideraram uma experiência nova. Após algumas horas, elas foram voltando, na medida em que a tempestade deixou Miami em seu ímpeto dirigindo-se para o interior e o mar começou a acalmar-se, voltando a seu estado normal. Durante alguns dias, as fadas se atarefaram reconstruindo suas linhas de comunicação e recuperando-se, mas muitas delas foram para o litoral a fim de auxiliar o anjo da terra a renovar o trabalho de desenvolvimento. O anjo de Miami ficou de certo modo esgotado de suas energias; assim, as fadas, bondosamente, cooperaram ao máximo, pois, na verdade, elas preferem que tudo seja normal, ainda que fiquem emocionadas enquanto a tempestade perdura.

O furacão prosseguiu à sua maneira prevista e lentamente se esvaziou; enquanto diminuía, o anjo da tempestade o deixou com suas fadas da tempestade, até o momento futuro em que seus serviços serão novamente solicitados em algum lugar. Aos poucos, tudo voltou ao normal ao longo do percurso do furacão, apesar de, claro, serem necessários alguns anos para recuperar todos os estragos. Os seres humanos pensarão inevitavelmente que as fadas da água, os anjos do mar e, sobretudo, o anjo do furacão são mesmo maus e nocivos, porque só pensam em destruir a vida. Mas não é assim. Eles destruíram *formas* de vida, mas não destruíram a vida dentro das formas, pois a vida nunca morre. Além do mais, esses seres realizaram sua função de acordo com a lei natural. Os homens destroem as propriedades, uma após outra, assim como toda a face da natureza em tempos de guerra ou por ganância de lucro pessoal; por isso, transferem para a natureza seus próprios pontos de vista. Mas a natureza não tem motivos pessoais. Toda essa destruição é realizada de forma impessoal e, mesmo, é estranho dizer, com um sentimento de amor, porque as hostes de anjos e fadas nunca desejam matar o que quer que seja e procuram salvar o máximo possível. Como isso é diferente da guerra, em que se procura destruir tudo! Mas os anjos têm de obedecer à lei da natureza, quer queiram quer não. Esta é a sua tarefa; esta é a própria essência de sua natureza. Além disso, eles não consideram a morte como algo desconhecido, terrível e final, como nós. Para eles, a morte é apenas a destruição da forma; a vida nunca se esgota quando volta à sua fonte e essência. Ela voltará sob outra forma e, assim, terá uma nova experiência neste mundo, e a experiência é a chave-mestra de tudo.

EPÍLOGO

AS CONDIÇÕES ATUAIS

Ao voltar a este manuscrito depois de tanto tempo e após ter-me interessado por muitas pesquisas com uma ênfase diferente dos seus propósitos principais, descubro que posso recordar muitas das impressões que anotei há tantos anos.

Ainda que a ênfase de meu estudo se tenha modificado em todos esses anos, apesar de tudo eu mantive uma ligação direta com os seres que descrevi neste livro. Em todas as minhas longas viagens, a primeira coisa que faço, automaticamente, é estabelecer comunicação com esses anjos e fadas, em qualquer lugar que eu vá. Desse modo, obtenho um sentimento de união com as inteligências que habitam todo lugar, seja onde for.

Quando resolvi examinar este velho manuscrito e publicá-lo, os amigos sugeriram que o mundo das fadas deveria ter sofrido tremendas modificações, assim como o nosso mundo físico, durante esse tempo. Sem dúvida, este é um pensamento interessante, mas foi só depois que eles o sugeriram que eu voltei a alguns lugares para ver o efeito da poluição sobre o ambiente do mundo das fadas, coisa que eu sequer admiti.

É claro, não era possível viajar de volta à Austrália, ou a Java, ou à Índia, para comparar, mas era possível para mim verificar o estreito na Costa Oriental, aqui nos Estados Unidos. Foi exatamente o que fiz.

Estes tempos de manchas de óleo, descargas de lixo no oceano, emanações de monóxido de carbono dos automóveis e a constante expansão construtiva do homem, que abarca toda a terra e invade toda área habitada pelas fadas, devem ter provocado algum efeito. É o que veremos a seguir.

Há muitos anos, eu havia ido àquela praia que visitei num belo e frio dia de inverno. O estreito fica perto de uma área populosa, que leva direto ao mar aberto. Da praia pode-se observar tanto o estreito como o mar, ao mesmo tempo. Cerca de quinze anos haviam passado desde a época em que costumava visitar esta praia com freqüência, mas ela continuava a ser muito familiar. Nos meses de verão é povoada por muitos banhistas, mas no inverno muito poucas pessoas desafiam os ventos. A primeira coisa que notei foi quando as ondas lambiam a praia, porque havia menos "bebês d'água" e menos fadas. Tive a impressão também de que eles já não acompanham as ondas até a areia, mas ficam na periferia; eles sobem e descem com a maré.

Toda a rede de energia não parece ser tão firme nem forte. Essa é a rede de energia do mar que eu descrevi anteriormente. Agora ela parece estranha. Parece que está interrompida em certas partes e, conseqüentemente, cria certa desarmonia no fluxo geral de energia.

As fadas próximas da margem, aquelas que chamei de "bebês d'água", se divertiam e rolavam, é claro, mas hoje já não há tantas. Sim, é com tristeza que devo relatar que atualmente elas existem em menor número.

Outra diferença sensível é que havia no passado uma simbiose maior entre o mar e o ar que agora parece não estar funcionando, ou pelo menos não está funcionando em sua totalidade. Há lugares no mar onde alguns padrões do ar e do mar estão prejudicados, as correntes de energia não parecem funcionar harmoniosamente. Acredito que os "bebês d'água" não podem compreender muito bem toda essa poluição. Parece que a poluição no estreito (poluição que sempre existiu) está mais intensa agora e se alastra mais para dentro do mar, onde antes era apenas superficial. As manchas de óleo do naufrágio recente de um petroleiro não afetou as criaturas locais. Elas sabem que há mais sujeira, mais poluição no aspecto físico do mar, e percebem com razão que isso se relaciona com a humanidade. Entretanto, elas não compreendem realmente o motivo nem entendem por que os peixes não são tão numerosos. Elas ainda trabalham, mas os resultados não são agradáveis nem efetivos e, como pensam que isso está relacionado com os homens, não se sentem interessadas por nós. Existe uma certa tendência para o temor e o retraimento. Inúmeros peixes e outras formas de vida oceânica se mudaram para mais longe da praia. É claro que essa minha visita ocorreu durante um frio intenso, característico de todo o inverno muito rigoroso; apesar disso, elas continuam achando que o homem é o único responsável por essa diminuição, de modo que até as fadas do mar não têm tanta simpatia pelos seres humanos.

Mesmo mais longe, em águas profundas, há menos vida agora do que antes. O padrão interrompido e descontínuo de energia é evidente, tão longe da praia quanto eu pude ver. Esse estrago deve-se a uma causa física, de modo que as fadas só podem repará-lo em parte. Como essa relação simbiótica, que é universal e se estende sobre toda a terra, foi interrompida, deve haver mais efeitos perniciosos a longo prazo do que eu pude verificar por este único lugar.

As fadas do ar podem fugir mais facilmente aos efeitos da poluição, elevando-se mais alto no céu. No entanto, elas também não estão contentes. Existe uma espécie de cortina de fumaça no padrão de energia, até na camada mais elevada do ar. Estas fadas do ar também estão afastadas do homem e parece que não trabalham contra a poluição. Tanto as fadas do ar como as do mar, ao que parece, não gostam de ter pessoas ao redor. Elas continuam a trabalhar, é claro, mas há uma diferença. Sentem que não podem dominar – ficar em harmonia com o que o homem está fazendo; sentem que há algo a que simplesmente não podem se adaptar, e ficam desencorajadas. Aparentemente, elas reagem melhor à poluição do ar do que à da água, pois a água profunda do mar é melhor. O oceano profundo faz rejuvenescer. Não quero dar-lhes informações erradas: as fadas são realmente lindas e têm muita personalidade. E ainda existe uma propriedade maravilhosa e purificadora no mar. Os anjos, por ficarem em lugares muito mais altos, de certo modo mantêm-se afastados da poluição, mas são profundamente afetados por suas conseqüências. São mais resignados aos efeitos da poluição do que as fadas. Sentem que, em última análise, os humanos farão alguma coisa para remediar essa condição; percebem que há um perigoso período a ser atravessado, período de grande tensão, evidenciado por uma tremenda pressão nos mundos interiores. É claro que os devas, em geral, têm um ponto de vista mais amplo do que o das fadas que trabalham pela harmonia, dia-a-dia.

Esse período de tensão e ausência de padrões coerentes de energia já se torna evidente pela mudança junto à praia da rede simbiótica que mencionei. A poluição no estreito é, às vezes, muito forte e durante esses tempos de alerta de poluição parece haver uma certa corrente de (à falta de melhor palavra) energia densa que prejudica a relação recíproca entre a terra, o ar e a água. As fadas e os "bebês d'água" tentam fazer algo para compensar esse efeito, mas por enquanto parecem estar perplexos, sem saber o que fazer. Os devas, por estarem longe e verem as coisas sob uma visão mais ampla, acham que toda essa situação será superada e provavelmente estão à espera de que os humanos consertem seus próprios estragos.

Nesses momentos de alerta de poluição, as fadas do ar fogem para um nível mais elevado, onde ficam livres, mas as pobres fadas do estreito ao longo da praia, mesmo podendo se afastar oceano adentro, não se sentem felizes ali. Elas não gostam das grandes profundidades tanto quanto das rasas em que viviam. Essas fadas das ondas, na verdade estão mais associadas à terra e a seus animais, às plantas e até às pessoas humanas, com seus filhos e animais domésticos.

Elas continuam a fazer seu trabalho, mas de modo geral não se sentem mais ligadas ao homem, exceto quando ambos estão em bosques e vales, calmamente, ou gozando as maravilhas da natureza. Não seria correto levar o leitor a crer que seu senso de alegria não está presente; isso faz parte de seu ser. Elas lamentam a perda de certas formas de vida, mas se regozijam nas muitas formas de árvores e plantas com vida que ainda estão presentes, e continuam a realizar seu trabalho com o mesmo entusiasmo de outrora.

Admitamos que existam menos fadas, mas elas existem para o mesmo propósito e trabalham como sempre fizeram e, apesar de as cidades terem diminuído o seu número, muitos jardins de pequenas cidades têm a vida de fadas ajudando-os a crescer.

A poluição das cidades não é somente a poluição do ar urbano, que se torna evidente até para o homem. Uma poluição mais insidiosa é a proliferação de edifícios, de fábricas, de escolas, de casas e de apartamentos que dominaram a terra na qual muitas fadas viviam anteriormente. Como a população dos pássaros e dos animais selvagens, elas também foram expulsas e, apesar de ainda existirem algumas em parques e áreas de reserva florestal, não são tão numerosas. Elas acham que o homem invadiu suas áreas progressivamente, deixando-as cada vez mais isoladas. Além disso, o uso de inseticidas químicos e fertilizantes, cujo efeito nocivo sobre o trabalho das fadas é tão profundo, tem-se ampliado cada vez mais. É tão melhor usar substâncias naturais com as quais é igualmente possível evitar os insetos daninhos! O equilíbrio da natureza entre formas de vida (pássaros e insetos, lagartixas, etc.) é melhor ainda para controlar as criaturas do jardim. Os fertilizantes químicos, sobretudo os sintetizados, não são prontamente utilizáveis pelas fadas, ao contrário das substâncias naturais, que elas compreendem muito melhor, sobretudo coisas como matérias orgânicas que constituem parte do ciclo natural da vida.

Tanta poluição química e sintética está ocorrendo agora pelos rios e lagos que até isso está causando aborrecimento a muitas fadas dos bosques e dos jardins. Não é incomum que toda a água potável de uma área inteira se torne poluída com tais substâncias. Estas vão então para o solo e de novo interferem insidiosamente com os ciclos naturais e com a harmonia. As fadas são muito sensíveis em relação a todos esses fatos provocados pelo homem.

Mas, ainda que toda a natureza esteja sofrendo modificações, os anjos e as fadas sabem que existe uma unidade subjacente ao universo. Elas são parte de um todo orgânico, e isso elas aceitam. Os homens estão ficando conscientes dessa compreensão holística e dessa cooperação, dedicando-se mais à meditação e à vida ao ar livre. Está sendo formado um elo de ligação entre a humanidade e esse outro mundo dinâmico. Isso se tornará o padrão do futuro.

DIVISÃO GERAL DE FADAS

- ANJOS ou DEVAS. Estes grandes seres angélicos ou radiantes têm notável inteligência. Ajudam a orientar a natureza por sua compreensão do Plano Divino. Orientam as energias da natureza e supervisionam as fadas menos importantes sob seus cuidados, tais como as que podem se responsabilizar pelas nuvens ou pelos ventos, ou pelos espíritos das árvores, etc.

- BEBÊS D'ÁGUA. Nome dado àquelas criaturas pequeninas, felizes, que são encontradas junto à praia e nas marés; são fadas da água, mas diferentes das que vivem mais além, no oceano profundo, e das que habitam junto dos rios, dos lagos ou das lagoas.

- ELEMENTAIS. São, literalmente, os espíritos dos Elementos, as criaturas evoluídas dos Reinos dos Elementos – o Ar, a Terra, o Fogo e a Água – segundo os cabalistas. São chamados gnomos (os da terra), Sílfides (os do ar), Salamandras (os do fogo) e Ondinas (os da água). H.P. Blavatsky, no *Glossário Teosófico*, explica que todos os seres invisíveis gerados no 5º, 6º e 7º planos de nossa atmosfera terrestre são chamados de "Elementais", incluindo-se entre eles as fadas, os peris, os devas, os djins, os silfos, os sátiros, os faunos, os elfos, os leprachauns, os anões, os trolls, os kobolds, os brownies, os nixies e os pixies, os gobelinos, a gente do musgo, os mannikins, e outros que pertencem a esta classificação.

- ESPÍRITOS DA NATUREZA. Criaturas do reino dévico que cuidam das diferentes categorias da Natureza, como o ar e o vento, as plantas em crescimento, o aspecto das paisagens, a água e o fogo.

- ESPÍRITOS DAS ÁRVORES. São maiores do que as fadas dos bosques; os espíritos das árvores têm um corpo mais físico. Ver o capítulo 7.

- FADAS. Agrupam-se em quatro divisões maiores – do Ar, da Terra, do Fogo e da Água.
  Há igualmente as que pertencem aos reinos minerais, como os gnomos ou fadas dos rochedos, que deveriam realmente ser classificadas como espíritos da terra ou fadas da terra. As fadas se classificam pelo tamanho, desde a minúscula, do tamanho de uma borboleta, com doze polegadas e dois pés, até as grandes sílfides e os espírito das árvores e todos os tamanhos intermediários.

- FADAS DA TERRA. Dividem-se em quatro tipos principais. Vivem tanto na superfície como no subsolo, onde se subdividem em diversos outros grupos. Na superfície, vivem desde os espíritos que se encarnam nas árvores até as fadas comuns dos jardins ou dos bosques. As fadas dos rochedos, ou gnomos, são um dos tipos do subsolo. Informações mais específicas são dadas no capítulo 4.

- FADAS DAS ROCHAS, às vezes chamadas de gnomos. São encontradas tanto acima como abaixo do solo. As grandes fadas das rochas do Grand Canyon são mencionadas no capítulo 3 e por todo o livro.

- FADAS DO AR. São de três tipos gerais. Primeiro, existem as sílfides, que habitam as nuvens e trabalham com elas. São as escultoras do mundo das fadas. Em seguida vêm as fadas do ar, que estão ligadas ao vento a às tempestades. Em geral têm quatro ou cinco pés de altura, têm belas formas e são muito bonitas. E, finalmente, há os numerosos espíritos do ar que vivem em altitudes muito elevadas, se assemelham a dragões, com enormes cabeças, longos corpos e uma comprida cauda. Esses três tipos estão descritos no capítulo 11.

- FADAS DO FOGO. Ver Salamandras.

- FADAS DO JARDIM. Uma espécie muito comum de fada da terra.

- GNOMOS. Fadas da terra, como as que habitam os rochedos.

- ONDINAS. O nome mais clássico e cabalístico dos espíritos e fadas das águas.

- SALAMANDRAS. Mais conhecidas como fadas do fogo. O capítulo 10 tem excelentes informações sobre uma classe dessas fadas que habitam a região do subsolo vulcânico, assim como as que estão relacionadas com o relâmpago e as fogueiras acima do solo.

- SÍLFIDES. São uma forma de fadas do ar ou de seres que habitam o ar. São de tamanho grande, apesar de não tão desenvolvidas como outros grandes seres – os devas. As sílfides das nuvens são mencionadas no capítulo 3, sobre os furacões, e há também uma descrição no capítulo 11.

Leia também

AURAS HUMANAS

Colette Tiret

Apresentamos aqui um trabalho absolutamente original porque, pelo que sabemos, está sendo feito pela primeira vez.

Há mais de trinta anos que vimos pesquisando no campo da parapsicologia e, mais particularmente, sobre a aura humana, essa paleta de infinitos matizes que forma um nimbo ao redor do corpo humano vivo e cujas cores traduzem fielmente todos os estados de alma das pessoas.

Este estudo foi feito por um método de nossa invenção e que proporciona resultados de extraordinária precisão — método que só agora conseguimos testar, controlar e objetivar, graças ao computador, instrumento moderno e de absoluta exatidão.

Depois de fazer a aura de uma pessoa pelos meios habitualmente oferecidos pela parapsicologia, submetemos essa mesma pessoa a longo questionário, com centenas de perguntas, de um método americano de psicologia diferencial, o método de Guilford-Zimmermann, usado comumente para a seleção de pessoal e para definir a caracteriologia dos candidatos a cargos nas grandes empresas. Essas perguntas conseguem delimitar cada personalidade humana. O método é reconhecido como válido e o plano das perguntas adapta-se perfeitamente à folha de respostas do computador.

Com a alegria do pesquisador que faz uma descoberta, constatamos que os dois processos — o parapsicológico e o da psicologia diferencial — "batiam", como se diz familiarmente, o que constitui uma prova. As duas análises se superpõem em 98% dos casos.

* * *

A obra de Colette Tiret recebe neste volume o aval do Dr. Marcel Martiny, professor da Escola de Antropologia e presidente do Instituto Metapsíquico Internacional de Paris.

ESPÍRITO, PERISPÍRITO E ALMA:

ENSAIO SOBRE O MODELO ORGANIZADOR BIOLÓGICO

Hernani Guimarães Andrade

Seríamos seres exclusivamente materiais, ou algo além disso, como a manifestação em três dimensões de um campo biomagnético originado no hiperespaço? Haveria a evidência de que possuímos um corpo energético dentro do nosso corpo e outro corpo morfogenético fora dele? Que seria o *Modelo Organizador Biológico* (MOB)? Estas e inúmeras outras questões são abordadas neste livro revolucionário.

O autor — afirma, no prefácio, o Eng.º Ney Prieto Peres —, *além de manter estreita e amistosa correspondência com a maioria dos institutos e departamentos de pesquisas das universidades da Europa, Ásia e América, recebe deles os mais recentes trabalhos e publicações, sobre os quais freqüentemente é solicitado a opinar. Está, portanto, como poucos, sempre muito bem-informado do que se vem realizando nessa corrida célere para a descoberta dos intrincados aspectos da natureza sutil e das múltiplas dimensões do homem.*

Nesta obra — que dá prosseguimento a outra já publicada por esta mesma Editora: Morte, Renascimento, Evolução: uma Biologia Transcendental — *o Dr. Hernani Guimarães Andrade deixa implícita, com muita maestria, a aproximação do Espiritismo com a Ciência, cujas decorrências e utilizações o tempo e o empenho de homens sérios se encarregarão de mostrar.*

EDITORA PENSAMENTO

Editora Pensamento

Rua Dr. Mário Vicente, 374
04270 São Paulo, SP

Livraria Pensamento

Rua Dr. Rodrigo Silva, 87
01501 São Paulo, SP

Gráfica Pensamento

Rua Domingos Paiva, 60
03043 São Paulo, SP